Michael Stefan Metzner

Achtsamkeit und Humor

wissen & leben

herausgegeben von Wulf Bertram

Zum Herausgeber von „Wissen & Leben":

Wulf Bertram, Dipl.-Psych. Dr. med., geb. in Soest/Westfalen. Studium der Psychologie und Soziologie in Hamburg. War nach einer Vorlesung über Neurophysiologie von der Hirnforschung so fasziniert, dass er spontan zusätzlich ein Medizinstudium begann. Zunächst Klinischer Psychologe im Univ.-Krankenhaus Hamburg-Eppendorf, nach dem Staatsexamen und der Promotion in Medizin psychiatrischer Assistenzarzt in der Provinz Arezzo/Italien und in Kaufbeuren. 1985 Lektor für medizinische Lehrbücher in einem Münchener Fachverlag, ab 1988 wissenschaftlicher Leiter des Schattauer Verlags, seit 1992 dessen verlegerischer Geschäftsführer. Ist überzeugt, dass Lernen ein Minimum an Spaß machen muss, wenn es effektiv sein soll. Aus dieser Einsicht gründete er 2009 auch die Taschenbuchreihe „Wissen & Leben", in der wissenschaftlich renommierte Autoren anspruchsvolle Themen auf unterhaltsame Weise präsentieren. Bertram hat eine Ausbildung in Gesprächs- und Verhaltenstherapie sowie in Tiefenpsychologischer Psychotherapie und ist neben seiner Verlagstätigkeit als Psychotherapeut und Coach in eigener Praxis tätig.

Michael Stefan Metzner

Achtsamkeit und Humor

Das Immunsystem des Geistes

2. Auflage

Mit einem Geleitwort von
Barbara Wild

⚇ Schattauer BALANCE ⧉

Dr. phil. Michael Stefan Metzner
Schön Klinik Roseneck
Am Roseneck 6, 83209 Prien am Chiemsee
www.leerheit.de

Ihre Meinung zu diesem Werk ist uns wichtig!
Wir freuen uns auf Ihr Feedback unter
www.schattauer.de/feedback oder direkt über QR-Code.

Bibliografische Information der Deutschen Nationalbibliothek
Die Deutsche Nationalbibliothek verzeichnet diese Publikation in der Deutschen Nationalbibliografie; detaillierte bibliografische Daten sind im Internet
über http://dnb.d-nb.de abrufbar.

© 2013, 2016 by Schattauer GmbH, Hölderlinstraße 3, 70174 Stuttgart, Germany
E-Mail: info@schattauer.de
Internet: www.schattauer.de
Printed in Germany

Lektorat: Volker Drüke, Münster; Ruth Becker
Umschlagabbildung: © Christian Watts
Satz: Satzpunkt U. Ewert GmbH, Bayreuth
Druck und Einband: CPI – Ebner & Spiegel, Ulm

Auch als eBook erhältlich:
978-3-7945-6991-5 (PDF) / 978-3-7945-6992-2 (ePub)

ISBN 978-3-86739-116-0 (BALANCE buch + medien verlag)
ISBN 978-3-7945-3164-6 (Schattauer)

Für meine Tochter Johanna,
die gerne „Plumpser" zu mir sagt,
wenn sie mich aufziehen will.

Und für mein „frisch gepresstes" Töchterchen Luisa,
dem Widmungen noch ziemlich egal sind.

Geleitwort

Achtsamkeit und Humor – passt denn das zusammen? Und kann man einem Autor trauen, der gleich am Anfang klarstellt, dass er kein Spezialist ist, sondern nur irgendein klinisch arbeitender Psychologe und Psychotherapeut, und der dann auch noch erzählt, wie er gegen einen Laternenpfahl gelaufen ist?

Michael Metzner hat über Achtsamkeit und Humor ein ganzes Buch geschrieben und macht klar – das passt hervorragend zusammen.

Er erklärt zunächst Achtsamkeit. Wie er selbst schreibt, ist dieser Begriff in den letzten Jahren auch in der Psychotherapie in Mode gekommen. Durch seine anschauliche, sehr persönliche und humorvolle Darstellung beruhigt er eine deshalb vielleicht bestehende Skepsis aber und macht deutlich, warum es wichtig und hilfreich und nicht nur „in" ist, sich mit Achtsamkeit zu beschäftigen. Dann folgt ein ebenfalls unterhaltsamer Überblick über das Gebiet Humor und daran schließen sich anschaulich erklärte Übungen für humorvolle Achtsamkeit an. Alles in allem schafft er damit eine Verbindung, die im Nachhinein ganz logisch erscheint – aber drauf kommen muss man erst mal!

Meditation, als das Einüben von Achtsamkeit, funktioniert nur dann, wenn man zu sich und allem anderen eine gewisse Distanz einnehmen kann. Und gerade das bewirkt auch der Humor. Nehmen wir diesen Witz, den ich auf einer Internetseite über Meditation gefunden habe:

> Ein Christ, ein Buddhist und ein Hindu fahren auf einen See zum Angeln heraus. Nach fünf Minuten hat der Hindu keine Angelköder mehr – er brennt drei Räucherstäbchen ab, murmelt ein Gebet zu Shiva, steigt aus dem Boot, läuft übers Wasser, holt sich die Würmer und kommt zurück.

Wieder zehn Minuten später hat der Buddhist keine Köder mehr. Er meditiert eine Weile, spricht „Om mani padme hum", steigt aus dem Boot, läuft übers Wasser, holt sich die Würmer und kommt zurück.

Eine halbe Stunde später hat auch der Christ keine Würmer mehr. Er fragt: „Kollegen, wie macht ihr das denn, das mit dem übers Wasser laufen ...?" „Na, wie Jesus", antwortet der Hindu: „Beten, fest daran glauben, und schon geht das ..."

Der Christ betet drei Vaterunser, drei Ave Maria, schlägt ein Kreuz, steigt aus, macht zwei Schritte – und blubb, weg is' er ...

Sagt der Buddhist zum Hindu: „Beten ist gut, glauben ist besser – aber wissen, wo die Steine sind, ist am besten ..."

Die besten Witze sind ja oft die, in denen eine unerwartete Wendung auftaucht, die dem vorher Gesagten und Gedachten eine andere Bedeutung gibt und damit auch ein wenig Freiräume im Denken eröffnet. Das macht Lust, die Dinge mit etwas Distanz und Offenheit zu betrachten.

Und umgekehrt: Um im Alltag humorvoll zu sein, also auch schwierigen Situationen etwas Positives abgewinnen zu können, oder sie zumindest mit heiterer Gelassenheit betrachten zu können, braucht es innere Offenheit und Wachheit, die man mit Achtsamkeitsübungen erlernen kann.

Jetzt verstehe ich endlich, warum die meisten Buddhas lächeln.

Prof. Dr. med. Barbara Wild

So eine Art Vorwort: „Entschuldigen Sie bitte!"

Ich muss gestehen: Ich bin kein Experte – kein Zen-Meister, kein Meditationsguru und kein sonstwie ausgewiesener oder zertifizierter „Fachmann für Achtsamkeit und Humor" (nach DIN EN ISO 9001:2008) mit dem schwarzen Gürtel in Bewusstseinskunde, sondern irgendein klinisch arbeitender Psychologe und Psychotherapeut, der sich sehr für das Thema „Achtsamkeit" interessiert und immer wieder aufs Neue bemüht ist, Achtsamkeit und Humor in sein Leben zu bringen. Sie haben jetzt also die Wahl, das Buch entweder in die Ecke zu pfeffern, zu verschenken bzw. – wenn es Winter ist – in thermische Energie zu verwandeln oder: weiterzulesen (was ich insgeheim hoffe!).

Gepackt hat mich das Interesse rund um „Geist, Bewusstsein und Meditation", als ich etwa vier oder fünf Jahre alt war. Ich weiß zwar nicht, ob meine Erinnerungen hundertprozentig der Realität entsprechen, jedenfalls habe ich folgende Version im Kopf: Mein Bruder hatte von einem Tanzkurs eine Art Entspannungskassette mitgebracht, auf der unter anderem die Anweisung gegeben wurde, nicht zu denken. Die Kuriosität dieses Sachverhaltes ließ mich fortan nicht mehr los: Nicht denken? Denkt man nicht immer? Und wer ist überhaupt derjenige, der sich diese Fragen stellt? Wer oder was bin ich? Was bleibt übrig, wenn ich alles abziehe, von dem ich weiß, woher es kommt – wie zum Beispiel meinen Körper, meine Sprache, meine Angewohnheiten etc.? Und wie geht das eigentlich genau, wenn ich etwa meine Hand bewege? Ich bekomme die Bewegung als Empfindung mit, aber wer veranlasst, dass dies geschieht? Und vor allem: Wie? Fragen wie diese interessierten mich schon immer – bis heute.

In der Schule hatte ich einen sehr charismatischen Lehrer. Neben seiner Schultätigkeit war er noch ein recht erfolgreicher Gewichtheber und hielt Vorträge über Philosophie an der Volkshochschule. Er weckte mein Interesse für fernöstliche Philosophien: insbesondere für den Taoismus und den Buddhismus. Da ich seit meinem achten Lebensjahr verschiedene Kampfkünste ausübte, hatte ich das eine oder andere zwar schon mal gehört. Aber als ich mich dann etwas genauer mit dem Buddhismus, insbesondere dem Zen-Buddhismus, beschäftigte, kam ich aus dem Staunen kaum heraus: Da gab es eine Religion, Philosophie und eine Form der Praxis, die sich genau mit dieser Frage – mit *meiner* Frage – beschäftigte. Und so fing ich an zu „sitzen", wie man so schön sagt, d.h. Sitzmeditation zu üben. Vor allem während meiner Studienzeit beschäftigte ich mich dann immer intensiver mit der Philosophie und Praxis des Buddhismus und Themen wie dem „Leib-Seele-Problem" und der Wahrnehmung von Zeit.

In meiner Tätigkeit als Psychotherapeut hatte ich oftmals den Eindruck, dass das, was ich für mich übte, auch für Patienten hilfreich sein könnte, traute mich aber kaum, dies in die Arbeit einzubringen. Umso erfreuter und erleichterter war ich, als Achtsamkeit – als therapeutischer Weg – zunehmend angesehener innerhalb der kognitiven Therapie wurde, also in jener Therapieform, die ich gelernt habe. Und heute kann ich unter Verweis auf Studien, die den heilsamen Wert dieser inneren Haltung auch wissenschaftlich belegen (zum Beispiel Chiesa u. Serretti 2011; Fjorback et al. 2011; Grossman et al. 2004; Piet u. Hougaard 2011), mit Patienten getrost Achtsamkeitsmeditation üben. Ferner durfte ich zusammen mit Kollegen ein strukturiertes Gruppentherapieprogramm an meiner Klinik entwerfen, in der wir mit vielen Menschen gemeinsam Sitzmeditation, Gehmeditation, Bodyscan und Yoga üben (s. dazu mehr in Kap. 2).

Was mich sowohl an Experten auf unterschiedlichsten Gebieten der Wissenschaft als auch an Meditierenden immer wieder etwas verschreckt, ist ein extremer Ernst. Dieser kann bisweilen in die Neigung umschlagen, sich selbst sehr wichtig zu nehmen. Vielleicht muss man erst einmal tief fallen, um bescheiden zu werden. Und so scheint mir eines bei der Beschäftigung mit Meditation und ihren spirituell-religiösen Hintergründen ganz besonders wichtig: Humor. Ohne Sinn für Humor und eine Spur Selbstironie läuft man schnell Gefahr, durch eine solch „extrem spirituelle Betätigung" derart große Engelsflügel zu bekommen, dass man am Ende durch keine Türe mehr passt! Ferner kann uns eine humorvolle Haltung davor bewahren, ein allzu großer „Experte" zu werden, dem das Unbefangene des blutigen Anfängers abhanden gekommen ist. Und in Sachen Achtsamkeit – oder, wie man in wissenschaftlichen Kreisen auch sagt: „mindfulness" – wäre das genau der Anfang vom Ende.

So, nun ist es raus, und ich hoffe, Sie haben noch immer Lust, sich mit dem einen oder anderen Gedanken über Achtsamkeit und Humor zu beschäftigen (oder auch nicht, wenn Sie gerade Achtsamkeitsmeditation üben). Dieses Buch ist zu verstehen als Hommage an zwei menschliche Grundfertigkeiten. Wenn es dazu anregt, diese zu entwickeln, hat es seinen Sinn voll und ganz erfüllt. Also – viel Spaß beim Lesen und Leben!

Michael S. Metzner
Jetzt

PS: Hoppala! Jetzt hätte ich fast vergessen, denjenigen zu danken, die auf die eine oder andere Weise zur Entstehung dieses Buches beigetragen haben. Allen voran möchte ich Herrn Prof. Dr. U. Voderholzer, dem Ärztlichen Direktor meiner Klinik, tiefen Dank dafür aussprechen, dass er mich von unserer ersten Begegnung an als den „Achtsamkeitsmenschen" im Hause betrachtet hat und mich entsprechend förderte, ebenso seinem direkten Stellvertreter, Herrn Dr. C. Leibl, der mich dem Erstgenannten als solchen vorstellte und der mir als früherer Chef stets wohlgesinnt war. Besonderer Dank gebührt auch meinen Patientinnen/-enten und Kolleginnen/-gen (der Lesbarkeit wegen verzichte ich im Weiteren auf die geschlechtliche Doppelform), die mich überhaupt erst auf die Idee brachten, die Metaphern, welche ich in der Therapie oft verwende, in ein Buch zu fassen. Diese Menschen lieferten mir auch die besten Beispiele dafür, was Achtsamkeit und Humor im normalen Lebensalltag bedeuten kann. Frau Dr. B. Timmer, meiner derzeitigen Vorgesetzten, möchte ich dafür danken, dass sie mir in meiner Arbeit viele Freiräume zur konzeptionellen Arbeit in Sachen Achtsamkeit eingeräumt hat. Und dann gilt es noch Frau C. Hillen „Danke!" zu sagen für ihr Engagement im gemeinsamen Ausbau des Bereichs Achtsamkeit und für ihre Freigiebigkeit in Sachen Übungsanleitungen (s. Abschnitt 4.2). Frau A. Schraml danke ich ganz herzlich für die Durchsicht des Manuskriptes, Herrn V. Drüke für das sorgfältige Lektorat und den Mitarbeitern des Schattauer Verlags, besonders Frau R. Becker und Herrn Dr. W. Bertram, für die menschlich angenehme und professionelle Betreuung des Buchprojekts. Und nicht vergessen seien die Firma Asus, die den Laptop herstellte, auf dem ich den Großteil des Textes getippt habe, und meine wundervolle Frau, die mir denselben manchmal überlassen hat. Meinen Eltern, ohne die ich nicht wäre, und dem lieben Gott, dessen Wege oft unergründlich, aber doch immer richtig sind, sage ich natürlich auch von ganzem Herzen: „Vergelt's Gott!" Am meisten aber danke ich meinen Kindern, ohne die ich nicht wüsste, wie es ist, Vater zu sein.

Inhalt

Die Yogaübungen aus Kapitel 4.2.4 können Sie als bebilderte Übungsanleitungen im DIN-A-4-Format unter www.schattauer.de/3164 herunterladen.

1   Einleitung: Die AcH-Lymphozyten

Achtsamkeit und Humor sind für mich die beiden wichtigsten Kräfte des psychischen Immunsystems. Die „AcH-Lymphozyten" sozusagen. Achtsamkeit lässt uns im Hier-und-Jetzt ganz lebendig sein. Und Humor verhindert, dass wir uns und unsere Probleme allzu wichtig und ernst nehmen. Laufen die Dinge nicht so, wie wir sie gerne hätten, verlieren wir ganz schnell unseren Humor und mit ihm die Fähigkeit, klar zu unterscheiden, was eigener Film ist – „Kopfkino" – und was äußere Realität. Allzu gerne steigen wir dann in die vielen Gedankenzüge Richtung Zukunft oder Vergangenheit ein – je nachdem, ob wir eher ängstlich gestimmt und voller Sorge sind oder mit dem hadern, was wir selbst getan oder unterlassen haben. In jedem Fall geht uns der urteilsfreie Bezug zur Gegenwart verloren, der uns im Wesentlichen über die Sinne vermittelt wird. Wir sind dann – im wahrsten Sinne des Wortes – nicht mehr „ganz bei Sinnen".

Ein Mangel an Achtsamkeit zeigt sich im Verlust von Lebendigkeit, das Fehlen von Humor in einer gewissen Verbissenheit und Engstirnigkeit oder auch in Arroganz. Ich glaube, dass wir uns im tiefsten Inneren alle nach Lebendigkeit und Leichtigkeit sehnen. Doch kümmern wir uns nur selten konsequent darum, ihre Grundlagen zu pflegen. Statt Achtsamkeit zum Beispiel in Form von Meditation zu üben, versuchen wir Lebendigkeit oftmals durch Erfahrungsintensität (thrill) zu erzwingen, etwa beim Bungee-Jumping. Und Humor wird nicht selten mit Spaß gleichgesetzt. Natürlich ist weder gegen Spaß noch gegen Nervenkitzel etwas einzuwenden, doch können sie nur die *äußeren* Bedingungen für Lebendigkeit und Leichtigkeit schaffen. Man entwickelt dadurch weder Achtsamkeit noch Humor. Und nur diese beiden Eigenschaften garantieren stabiles Glück und inneren Frieden.

Wenn Sie jetzt denken, dass wir ja auch schließlich nicht ständig mit einem Lächeln durch die Gegend rennen können, weil manche Gegebenheiten im Leben nun mal bitter sind und unseren „vollen Ernst" erfordern, so stimme ich Ihnen zu. Darum geht es auch gar nicht. Natürlich gehört zu jedem noch so erfüllten Leben eine gewisse Portion Leid dazu. Wer das Bittere aus seinem Leben verbannt, entfernt damit gleichzeitig die Süße! Doch Achtsamkeit und Humor machen es möglich, dass der „ganz normale Wahnsinn" des Alltags uns nicht allzu wahnsinnig werden lässt.

Besonders in arbeitsbezogenen Teams oder anderen Konstellationen, in denen es auf das harmonische Zusammenspiel von mehreren Personen ankommt, wie etwa in einer Partnerschaft oder Ehe, ist Humor eine Frage des Überlebens. Wer da nicht über sich selbst und den anderen schmunzeln kann, wird an der nicht zugedrehten Zahnpasta-Tube scheitern oder vielleicht seine Kollegen erdolchen – wenn diese nicht schneller sind. Aber haben Sie schon einmal daran gedacht, dass diejenigen Menschen, die Ihre Geduld wirklich herausfordern, vielleicht genauso über Sie denken und dass keiner von Ihnen so einfach aus seiner Haut heraus kommt? Das geht manchmal einfach nicht. Aber mit einem gut entwickelten Sinn für Humor bekommen wir die nötige Distanz, das Ganze auch mal aus einer übergeordneten Perspektive zu sehen (vgl. Höfner u. Schachtner 2004).

Neben der oben erwähnten Vitalität ist eines der größten Wunder, das uns Achtsamkeit schenken kann, die Verlängerung unserer gefühlten Lebenszeit. Oft erinnere ich mich mit etwas Wehmut daran, wie lange und erfüllend ich als Kind einen Nachmittag erlebte, und stelle dann mit Entsetzten fest, wie schnell die Wochen, Monate und Jahre als Erwachsener teilweise vergehen. Da es bislang noch keine Zeitmaschine gibt, ist das gegenwartsbezogene Gewahrsein des Kindes das einzige Mittel, mit dem wir die Zeit entschleunigen und vielleicht sogar teilweise anhalten können (Metzner 2003).

Im folgenden Kapitel möchte ich zunächst erläutern, was Achtsamkeit aus meiner Sicht bedeutet und wie sich diese innere Haltung in Bezug auf verschiedene Aspekte unseres Lebens auswirken kann. Kapitel 3 ist dann dem Thema „Humor" gewidmet und wird zeigen, welche Chancen und Entwicklungsmöglichkeiten sich durch eine humorvolle Gesinnung eröffnen. Schließlich sollen in Kapitel 4 Anregungen dafür gegeben werden, wie man Achtsamkeit und Humor hegen und pflegen könnte. Da ich – anders als geplant – keine Zeit hatte, die große Frage nach dem Leben, dem Universum und allem in einem fünften Kapitel ausführlich zu beantworten, folgt ein einfaches Schlusswort. Sollten Sie dennoch ein brennendes Interesse für die Antwort verspüren, sind aber vielleicht – wenn Sie ganz ehrlich sind – gerade etwas zu bequem zum Üben, möchte ich sie Ihnen natürlich nicht vorenthalten: „Zweiundvierzig" (Adams 2004, S. 172).

2 Achtsamkeit

Unsere Verabredung mit
dem Leben findet im
gegenwärtigen Augenblick statt.
(Thich Nhat Hanh)

Ich möchte im Folgenden einige Gedanken zum Thema Achtsamkeit loswerden, wie ich sie im Rahmen eines strukturierten Gruppentherapieprogramms namens „Achtsamkeit bei Depression, Angst und Stress (ADAS)" in meiner klinischen Arbeit vermittle. Ergänzt seien diese schließlich mit ein paar weiterführenden Erläuterungen über das Erleben von Zeit, Bewusstsein und Identität.

2.1 Worum geht es?

Der Kern von dem, worum es geht, kommt in einem sehr bekannten Gebet[1] zum Ausdruck, das Sie vielleicht schon mal auf einer Postkarte oder in einem Kalender gelesen haben:

Gib mir die Kraft, das zu ändern,
was ich ändern kann,
die Gelassenheit, hinzunehmen,
was ich nicht ändern kann,
und die Weisheit,
das eine vom anderen zu unterscheiden.

---

[1] Neben Reinhold Niebuhr (1892–1971) wird dieses Gebet übrigens allen möglichen Heiligen und Weisen zugeschrieben – also praktisch jedem außer Harald Schmidt.

Warum ist das in der Psychotherapie – wie auch im Leben – wichtig? Oftmals versuchen wir die Dinge, die uns stören, sofort und verkrampft zu verändern oder gar zu bekämpfen. Auch wenn sie sich nicht unmittelbar ändern lassen. Und gerade dadurch schenken wir ihnen sehr viel Raum und Bedeutung in unserem Leben und „kleben" an ihnen. Ich nenne das „die große Falle".

Stellen Sie sich einmal vor, Sie machen eine Busreise. Mit den meisten Leuten verstehen Sie sich blendend oder können mit ihnen zumindest leben. Aber eine Person ist dabei, die Ihnen gehörig auf den Wecker geht. Auf wen achten Sie während der Fahrt am meisten? Genau. Das ist wie Verliebtsein mit umgekehrtem Vorzeichen. Was uns stört, fesselt unsere Aufmerksamkeit. Das macht Stress. Und Stress versetzt uns bekanntlich nicht gerade in die Lage, mit unseren Problemen leichter umzugehen oder kreativere Lösungsmöglichkeiten zu finden, sondern macht das Leben oft schwerer, als es sein müsste – sodass wir dann diejenigen Dinge, die wir durchaus ändern könnten, nicht ändern!

Wir bekommen im Stress ganz enge „Scheuklappen", die den Blick verengen. Das kommt aus der Steinzeit, als wir unseren Blick auf das nahende Mammut fokussieren mussten. Eine weite, offene Wahrnehmung, so nach dem Motto: „Oh, da ist ja ein nettes, felliges Tier! Und dort drüben – bunte Blumen, und der Himmel ist heute wieder so schön blau!", hätte uns wahrscheinlich nicht zum späteren Erfinder des Computers werden lassen. Eher zum Fußabtreter des Mammuts. In diesem Fall ist ein enges Wahrnehmungsfeld also durchaus günstig.

Allerdings werden wir heute relativ selten von Mammuts angegriffen. Und bei den anderen Widrigkeiten ist es oftmals ungünstig, wenn wir zu sehr auf das Problem fokussieren und den Kontext außer Acht lassen, also nicht über den Tellerrand blicken können. Das verhindert eine kreative Lösung – wir sehen nicht, welche Handlungsoptionen vielleicht möglich wären. Achtsamkeit heißt nun, nicht zu bewerten und nicht zu kämpfen, sondern die Dinge so anzunehmen, wie sie sind. Das reduziert Stress und versetzt uns in die günstige Lage, viel aktiver mit den Herausforderungen des Lebens umzugehen (s. Abschnitt 2.3).

Die Praxis der Achtsamkeit, d. h. einer konzentrierten, gegenwartsorientierten und urteilsfreien Geisteshaltung, ist natürlich keine „Erfindung" der Psychotherapie, sondern Bestandteil aller spirituellen Traditionen. Es ist aber vor allem zwei Persönlichkeiten zu verdanken, dass wir sie als therapeutischen Weg heute auch in der wissenschaftlich fundierten Psychotherapie zu schätzen wissen: Jon Kabat-Zinn und Marsha M. Linehan.

Jon Kabat-Zinn ist der Begründer der Mindfulness-Based Stress Reduction (MBSR) bzw. „Stressbewältigung durch Achtsamkeit" – einem heute sehr anerkannten Achtsamkeitstraining, das ganz traditionelle Übungen insbesondere buddhistischer Herkunft in für westliche Menschen verdaulicher Form umfasst. Er entwickelte sein Training an der Universität von Massachusetts und bot es zuerst denjenigen Patienten an, die durch die Maschen des amerikanischen Gesundheitssystems gefallen waren: Menschen mit chronischen Erkrankungen wie Schmerzstörungen (Kabat-Zinn 2005, 2011; vgl. auch Kabat-Zinn 1999; Lehrhaupt u. Meibert 2010). Und Marsha M. Linehan ist die Urheberin der Dialektisch-Behavioralen Therapie (DBT) – der ersten wirklich effektiven und wissenschaftlich fundierten Therapie für Patienten mit Borderline-Persönlichkeitsstörungen (Linehan 1996a, 1996b). Das sind Menschen, die unter anderem zu sehr starken Emotionen fähig sind, mit denen sie jedoch oftmals hadern, sodass sie teilweise sehr hohe Anspannungszustände erleben und sich dabei auch bisweilen selbst verletzen.

Diese beiden und andere auf Achtsamkeit und Akzeptanz basierende Therapieansätze gehören zur „dritten Generation" bzw. „dritten Welle" der Verhaltenstherapie (vgl. dazu Hayes et al. 2004; Heidenreich u. Michalak 2006; Sonntag 2005). Davor gab es (und gibt es noch immer) die klassische, reine Verhaltenstherapie und die kognitive Verhaltenstherapie. Der erstgenannten machte man den Vorwurf, dass sie den Menschen wie einen „dressierbaren Affen" verstehe, der weitgehend von Belohnung und Bestrafung bestimmt wird. Die kognitive Verhaltenstherapie vergleicht ihn mit einem Computer, der bei fehlerhafter Programmierung oder inkorrekter Informationsverarbeitung auch zu „spinnen" anfängt. Beiden ist gemein, dass sie dem Menschen keine Freiheit und kein aktives Gestaltungsvermögen zugestehen. Letztlich sei sein Verhalten determiniert. Damit liegt ihnen ein mechanistisches Menschenbild zugrunde. Therapieansätze der dritten Welle der Verhaltenstheorie gehen dagegen von einem dialektischen Menschenbild aus. Das heißt, dass der Mensch durchaus frei, spontan und kreativ handeln kann und dabei seine Umwelt aktiv gestaltet, die wiederum auf ihn zurückwirkt. Der Mensch gestaltet die Welt, die ihn gestaltet, könnte man sagen.

Was versteht man nun genau unter Achtsamkeit? Eine Definition, die ich persönlich gerne gebrauche, ist die folgende mit „3 × g":

Der **achtsame Geist** ist
- **gegenwärtig** statt in der Vergangenheit oder Zukunft,
- **gesammelt** statt zerstreut oder dissoziiert und
- **gleichmütig** statt emotional bewertend.

Überprüfen Sie doch nur mal selbst: Wie viel Prozent der Zeit verbringen Sie entweder in der Zukunft oder in der Vergangenheit? Und wie häufig sind Sie wirklich hundertprozentig „anwesend"? Tja, so ist das eben. Ängste und Sorgen ziehen uns in die Zukunft, und depressiv geprägtes Hadern mit Dingen, die wir getan oder unterlassen haben, katapultiert uns in die Vergangenheit. Und den Moment, in dem das Leben stattfindet und wir die Möglichkeit haben, es aktiv zu gestalten, verpassen wir. So, als ob auf unserer Stirn stehen würde: „Nobody at home!"

Der zweite Aspekt – Sammlung – ist ziemlich genau der Gegenpol von dem, was man heute auf Neuhochdeutsch „Multitasking" nennt. Oftmals machen wir viele Dinge gleichzeitig und nichts so richtig. Wir telefonieren mit einem Freund oder einer Freundin, sehen nebenher fern, vertilgen dabei einen kleinen Snack und zupfen die Brauen vor dem Spiegel, während wir kleine Figürchen auf das gedruckte Fernsehprogramm vor uns kritzeln, welches wir oberflächlich danach scannen, ob heute Abend etwas Akzeptables läuft. Achtsamkeit bedeutet, sich auf eine Sache ganz einzulassen. Mit ganzem Herzen.

Und der dritte Aspekt betrifft etwas zutiefst Menschliches: dass wir alles und jeden ständig bewerten. So wie Sie dieses Buch auch bereits – bewusst oder unbewusst – bewertet haben: entweder als „gut" (zumindest gut genug, um bis hierher zu lesen) oder als „schlecht" (dann haben Sie vorher schon aufgehört). Doch sagen diese Wörter rein gar nichts über diejenige Sache aus, auf die sie bezogen sind, sondern verweisen auf unsere eigenen Gefühle und die damit verbundenen Reaktionstendenzen. Glauben Sie nicht? Dann gehen Sie mal in ein Geschäft und antworten auf die Frage: „Was hätten Sie denn gerne?" mit „Hm, was Gutes, bitte!" Was bekommen Sie dann?

Was ich gut finde, will ich halten, und was ich als schlecht erachte, möchte ich loswerden. Und das ist genau der Einstieg in die bereits erwähnte „große Falle"! Selbst die schönsten Momente im Leben – mit einem wundervollen Menschen etwa – können wir nicht festhalten. Und unangenehmste Situationen verschonen uns auch dann nicht, wenn wir sie „blöd" finden. Diese Bewertungen multiplizieren lediglich das Leid, das unausweichlich ist und zu jedem erfüllten Leben dazugehört. Außerdem verstellen sie den Blick dafür, was wir ändern können und was nicht.

Bevor ich noch ein bisschen differenzierter auf verschiedene Aspekte von Achtsamkeit eingehen werde, sei hier noch auf ein weit verbreitetes Missverständnis hingewiesen: Achtsamkeit bedeutet weder Entspannung noch angestrengte Konzentration! Sie vereint intensives Erleben („Dabei-Sein") und waches Beobachten (mit einer „Ecke des Geistes"). Der Übung von Entspannung – so sinnvoll das auch sein mag – liegt eine stillschweigende Bewertung zugrunde: Anspannung ist schlecht, Entspannung gut! Da Achtsamkeit bedeutet, die Dinge so zu sehen, wie sie sind, versteht es sich von selbst, dass es keinen Unterschied macht, ob ich ganz entspannt in Sitzmeditation auf dem Kissen verweile und meinem Atem folge oder aber völlig entnervt und gehetzt auf dem Weg zum Zug bin und dabei sehr genau mitbekomme, wie mein Körper reagiert, welche Gedanken mir durch den Kopf gehen und welche Gefühle gerade anwesend sind. Achtsamkeit heißt, diejenigen Dinge mitzubekommen, die in diesem Moment da sind, und von diesem Standpunkt aus – mit etwas mehr „Weisheit" – entscheiden zu können, welche Handlungen nun heilsam sind und welche nicht. Und der Unterschied zu einer rein konzentrativen Haltung – obwohl Achtsamkeit durchaus eine gewisse Sammlung einschließt – ist der, dass alle Gedanken, die neben dem beobachteten Objekt noch auftauchen, ohne Wertung willkommen geheißen, berührt und wieder losgelassen werden. Konzentration schließt die Peripherie aus, ist damit

Abb. 2-1   Das chinesische Schriftzeichen für Achtsamkeit

exklusiv, wohingegen Achtsamkeit viel weiter und offener ist.
Man könnte sie als „integrativ" bezeichnen.

Die Essenz des Gesagten steckt in dem chinesischen
Schriftzeichen für Achtsamkeit, welches Abbildung 2-1 zeigt.
Der obere Teil bedeutet „Jetzt", und der untere steht für „Geist"
oder „Herz". Könnte man das Gemeinte besser auf den Punkt
bringen als mit dem Ausdruck „Mit klarem Geist und offenem
Herzen in der Gegenwart sein"?

2.2   Mit Leib und Seele ganz bei Sinnen

Achtsamkeit hat die wunderbare Wirkung, uns selbst und die
Dinge um uns herum ganz lebendig und wirklich werden zu
lassen. Damit können wir uns selbst und unser Gegenüber genauer verstehen. Und Verstehen ist die Voraussetzung für Akzeptanz und Wertschätzung. Wir können uns selbst und Menschen, die uns nahe stehen, nur dann wirklich helfen, wenn
wir verstehen, was wir selbst und der andere brauchen.

Alles, was uns begegnet, kann zum Objekt unserer Achtsamkeit werden – je nachdem, was gerade ansteht. Zu Übungs-
zwecken werden jedoch oftmals vier verschiedene Bereiche

oder „Grundlagen der Achtsamkeit" unterschieden: der Körper, unsere Gefühle, Gedankengebilde und – neben diversen inneren Zuständen – (äußere) Objekte unseres Geistes, d. h. die Außenwelt mit all den Menschen, Tieren, Pflanzen, Autos und MP3-Playern. Eine der für die Meditationspraxis wichtigsten buddhistischen Lehrreden, das „Sutra über die Vier Grundlagen der Achtsamkeit" oder „Satipatthana Sutta" („Majjhima Nikaya 10"[2]), beschreibt diese vier Übungsbereiche sehr genau. Und das sind auch diejenigen Bereiche, die in der Verhaltenstherapie immer wieder genauer unter die Lupe genommen werden, etwa wenn man in einer Verhaltensanalyse Fragen stellt wie: Was ist in der speziellen Situation vorgefallen, bzw. was war der Auslöser meiner Reaktionen? Wie habe ich gedanklich reagiert, wie habe ich mich gefühlt, welche Körperreaktionen konnte ich feststellen, und wie habe ich mich schließlich verhalten? So können wir unsere Reaktionen in bestimmten (Problem-)Situationen differenziert beschreiben und untersuchen. Und die Übung von Achtsamkeit kann hierbei sehr hilfreich sein.

Achtsamkeit lässt uns alles, was gegenwärtig ist, als das erkennen, was es ist: Körperempfindungen als Körperempfindungen, Gedanken als Gedanken, Gefühle als Gefühle und äußere Objekte als äußere Objekte. Das ist so, wie wenn man einem Orchester lauscht und jedes Instrument genau heraushört: eine Violine, eine Querflöte, eine Klarinette etc. Gedanken und Gefühle sind dabei nicht so ganz einfach als solche zu erkennen und zu unterscheiden, weil wir uns mit ihnen schnell

---

2 Das ist die Angabe des Sutras in der Sammlung der „Mittleren Lehrreden" aus dem Pali-Kanon des Theravada-Buddhismus, dem „Dreikorb" oder auf Pali: „Tipitaka" (Sanskrit = „Tripitaka"). Er umfasst den „Korb der Ordensregeln", den „Korb der Lehrsätze bzw. Lehrreden" und den „Korb der Höheren Lehrreden".

identifizieren. Sie sind uns sehr „nah", kleben uns regelrecht auf der Nase, sodass wir unsere Gedanken und Gefühle nicht selten für äußere Realitäten halten, für „Fakten". Daher ist es empfehlenswert, mit dem Körper als Grundlage zur Entwicklung von Achtsamkeit zu beginnen bzw. den Körper in die Übung von Achtsamkeit stets einzubeziehen. Wir machen uns jede unserer Handlungen (Gehen, Atmen, Sprechen, In-der-Nase-Bohren etc.), Körperreaktionen (Herzklopfen) und Körperempfindungen (kalte Füße) in jedem Bereich unseres Körpers bewusst.

Tatsächlich ist es so, dass beispielsweise unser Fuß – wie auch der Rest unseres Körpers – ständig Signale an unser Gehirn sendet, die wir jedoch ausblenden, wenn wir auf etwas anderes achten oder mit unseren Gedanken woanders sind. Bei der Übung von Achtsamkeit registrieren wir also lediglich das, was eigentlich die ganze Zeit gegenwärtig ist. Und dieses Ausrichten unserer Aufmerksamkeit ist etwas, das wir selbst bestimmen können. Jon Kabat-Zinn definiert Achtsamkeit in diesem Sinne als das „willentliche Ausrichten der Aufmerksamkeit auf den gegenwärtigen Moment, ohne zu bewerten" (nach Kabat-Zinn 1994, S. 4).

Wenn wir in dieser Weise – im wahrsten Sinne des Wortes – „ganz bei Sinnen" sind, im Körper präsent, beruhigt sich unser Denken, unsere Wahrnehmung wird genauer, und wir können uns selbst zunehmend besser verstehen. Damit haben wir gute Voraussetzungen, für unser Wohlergehen zu sorgen.

Das beste Beispiel hierfür lieferte mir unlängst eine Kollegin. Obwohl sie eigentlich nicht zu Schlafstörungen neige, sei sie ein paar Nächte hintereinander immer wieder mitten in der Nacht aufgewacht und habe gefroren. „Naja, es wird ja auch schon Winter", dachte sie sich schließlich und versuchte weiter zu schlafen. Bis sie dann eines Nachts beschloss, „etwas Sinnvolles" in dieser Lage zu machen und mit Hilfe einer entsprechenden CD den Bodyscan zu üben, eine Achtsamkeitsübung im Liegen (s. Abschnitt 4.2.4, S. 119). Bei der Anweisung „Spüren Sie ganz bewusst den Kontakt mit Ihrer Unterlage" bemerkte sie plötzlich eine ihr verdächtige Kälte im Rücken und realisierte – nach Tagen – zum ersten Mal: Das Wasserbett ist kalt! Als sie es dann überprüfte und feststellte, dass es sich tatsächlich abgeschaltet hatte (nach einem Stromausfall, wie sich herausstellen sollte), konnte sie es einfach wieder einschalten, und das Problem ihrer Schlafstörungen war gelöst.

Man könnte das sinnliche Gewahrsein und das analytische Denken mit zwei separaten Programmen eines Computers vergleichen, die sich gegenseitig ausbremsen. Wenn wir viel denken, bekommen wir unsere Körpersignale nicht mehr so gut mit. So vergessen wir etwa im Stress zu essen oder halten teilweise sogar die Luft an und atmen nicht mehr flüssig. Sind wir hingegen ganz bei den Körperempfindungen und damit bei Sinnen, kommt das – oft unnötige – Denken und Grübeln zur Ruhe. Das ist auch einer der Gründe, warum die Übung von Achtsamkeit eine günstige Wirkung auf den Schlaf hat. Schlafstörungen gehen oft mit hoher Grübelaktivität und einer hohen kortikalen[3] Aktivierung im Gehirn einher (Drummond et al. 2004) – wenn sie nicht gerade durch ausgeschaltete Wasserbetten bedingt sind. Wer sich im Körper einfindet, kann also besser schlafen, wenn der Körper Schlaf braucht, und bemerkt auch zuverlässig, wenn er hungrig ist, friert etc.

---

3   Das ist die Großhirnrinde mit den „kleinen grauen Zellen".

2.3   Stress und Regeneration

Stress ist in aller Munde, und jeder meint damit etwas Unterschiedliches. Die „Stressoren", also die Auslöser für die individuelle Stressreaktion, sind nämlich so vielfältig und unterschiedlich wie die Menschen selbst. Die körperliche Antwort auf Stress ist jedoch bei allen Menschen recht ähnlich, da sich unsere physiologische Grundausstattung nicht großartig unterscheidet. Wir bereiten uns – entsprechend unseres biologischen Erbes – auf „Kampf oder Flucht" vor, sodass die Stressreaktion als unspezifische Anpassungsreaktion zu verstehen ist. Bezogen auf unsere heutige Welt, könnte man sagen: Wir gehen eine Sache an oder versuchen ihr zu entkommen. Oftmals bekommen wir die Stresssignale unseres Körpers erst mit, wenn es „brennt" – teilweise im wahrsten Sinne des Wortes, zum Beispiel in der Nackenmuskulatur oder im Magen. Und daher reagieren wir meistens unbewusst und unfrei, im „Autopilotmodus", gerade so, wie wenn wir uns ganz automatisch am Arm kratzen, wenn es juckt. Unsere Reaktionen sind dabei teilweise nicht die gesündesten, wenn wir etwa Alkohol trinken, nichts oder aus Frust übermäßig viel essen, andere gereizt anschreien oder unsere Grundbedürfnisse (wie Essen, Trinken, Entspannung und Schlaf) ganz einfach überhören.

Freiheit ist nur dann möglich, wenn ich wählen kann, und wählen kann ich nur, wenn ich bemerke, dass ich an eine entscheidende Wegkreuzung komme. Das heißt: Es ist günstig, mitzubekommen, wie Stress entsteht und wie er sich bei mir persönlich im Körper und im Geist zeigt.

In Bezug auf die situative Entstehung von Stress gibt es ein anerkanntes Modell in der Psychologie: das Transaktionale Stressmodell von Lazarus (1974). Wie in Abbildung 2-2 zu sehen ist, beschreibt dieses Modell, dass zwischen der stressauslösenden Situation, dem Stressor, und unserer körperlich-

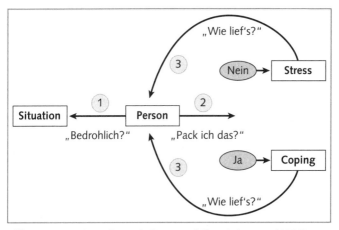

Abb. 2-2 Das Transaktionale Stressmodell nach Lazarus (1974)

geistigen Antwort, der Stressreaktion, zwei entscheidende gedankliche Verarbeitungsschritte stattfinden:

1. Zuerst bewerten wir blitzschnell, ob eine Situation bedrohlich ist oder nicht (primary appraisal).
2. Anschließend wird beurteilt, ob wir damit fertigwerden können oder ob die Situation unsere Bewältigungsmöglichkeiten überschreitet (secundary appraisal). Insbesondere im letzteren Fall entsteht Stress.
3. Das Handlungsergebnis wird schließlich gespeichert und führt im Sinne eines Rückkopplungsprozesses zu einer Neubewertung der Situation (reappraisal).

In diese Bewertungen fließen natürlich unsere Vorerfahrungen mit ähnlichen Situationen und unsere persönliche Selbsteinschätzung mit ein. Unser Kopf entscheidet, quasi ohne uns zu fragen, ob wir uns jetzt auf Kampf bzw. Flucht einstellen oder ruhig bleiben. Und wir bemerken das nicht einmal – es sei denn, wir sind uns unseres Denkens bewusst, insbesondere unserer Bewertungen. Dann haben wir die Möglichkeit, nicht nur aus unseren Vorurteilen heraus die Lage einzuschätzen, sondern erst einmal bei den Tatsachen zu bleiben. Wenn wir im Stress sehr präsent sind, erkennen wir zudem schneller, dass unser Körper bereits „aufrüstet". Und dadurch können wir entscheiden, was wir mit der Energie anstellen, wie sie sich also konstruktiv nutzen lässt statt selbstschädigend zu wirken. Wollen wir uns zum Beispiel für eine Sache stark machen oder erst einmal ruhig abwarten? Diese Freiheiten gewinnen wir nur durch Achtsamkeit.

Die Krux ist: Ich kann die „Botschaften", die Hinweise meines Körpers, nur dann verstehen, wenn ich sie erst einmal da sein lasse, d. h. akzeptiere. Verjage ich sie sofort und vielleicht auch noch auf ungesunde Weise, nur weil sie eventuell unangenehm sind, sagen sie mir nichts mehr. Dann bin ich meinen Automatismen ausgeliefert und verliere die Freiheit.

Vielen von uns ist gar nicht bewusst, dass wir die ganze Zeit alles und jeden bewerten. Diese Grundreaktion ist uns so in Fleisch und Blut übergegangen, dass wir den Unterschied zwischen Beschreiben und Bewerten oft nicht mehr kennen. Dabei haben die Bewertungen „gut" und „schlecht" gar keine wirkliche Aussagekraft über irgendetwas „da draußen". Die Auszeichnung „gut" heißt lediglich, dass ich etwas gerne festhalten würde, was bekanntlich nicht geht. Und „schlecht" bedeutet, dass ich es loswerden möchte. Auch das ist oft müßig und bringt noch mehr Leid mit sich, weil manche Dinge eben nicht zu ändern sind – beispielsweise das Wetter.

Wenn wir etwas bewerten und dagegen kämpfen, verengt sich unser Blick und die Handlungsoptionen schränken sich ein. Gelingt es uns hingegen, eine Sache einfach zu beschreiben oder bloß wahrzunehmen, eröffnen sich oft vielfältige Möglichkeiten. Stellen Sie sich etwa einen Mann vor, der durch den Regen geht und ständig schimpft: „Äh, sch... Regen! So ein Sauwetter! Immer das Gleiche!" Er wird trotzdem nass, oder? Dem Regen ist das ja egal. Wenn er es aber fertigbrächte, für einen Moment die Lage einfach so zur Kenntnis zu nehmen, wie sie ist, wäre er imstande, eventuell gegebene Handlungsoptionen zu sehen: „Da drüben ist ja ein Bekannter mit einem großen Schirm!" Oder: „Oh, da ist ja ein Bushäuschen, an dem ich mich unterstellen kann!"

2.4 Wie wir die Welt wahrnehmen

Vielleicht kennen Sie das folgende Gleichnis von den blinden Männern und dem Elefanten. Es scheint in Südasien entstanden zu sein und wurde dem Sufismus, Jainismus, Buddhismus und dem Hinduismus zugeschrieben. In all diesen Religionen wird es erzählt.

> In einem fernen Land stritten sich die Gelehrten einmal darüber, was Wahrheit ist.
> Der König, ein wirklich weiser Mann, rief daraufhin einige Blinde zu sich und bat sie, einen Elefanten zu betasten. Danach fragte er, was denn ein Elefant ist.
> Der Blinde, der die Ohren berührt hatte, sagte, dass ein Elefant groß und platt ist, derjenige, der den Rüssel berührt hatte, sagte, dass ein Elefant lang und rund wie ein Rohr ist. „Nein, das stimmt nicht", rief ein anderer, „ein Elefant ist so stämmig wie eine Säule." Dieser Blinde hatte die Beine betastet. Der vierte Blinde berichtete, dass seiner Meinung nach ein Elefant lang und glatt und am Ende spitz ist. Er meinte damit die Stoßzähne.
> Schließlich unterbrach der König sie und sagte: „Ihr habt alle recht, aber jeder hat nur ein kleines Stück des Elefanten

beschrieben. Genauso ist es mit der Wahrheit: Was wir sehen oder wahrnehmen, ist oft nur ein kleiner Teil dessen, was wirklich ist."

Unsere Wahrnehmung ist alles andere als „objektiv" und passiv-aufnehmend. Bereits bei der simpelsten Objektwahrnehmung – wenn ich etwa einen Tisch sehe – mischt sich in die Sinnesempfindung unmerklich unser Wissen über Kategorien von Gegenständen, hier über Tische und deren Eigenschaften. Dieses Wissen ist in Form kognitiver Schemata organisiert, die so eine Art Verstandesschubladen mit Ordnern, Unterordnern und Registern darstellen und sehr eng mit unserer Sprache verbunden sind. Sie bewirken, dass wir kein offenes und fließendes Schauspiel an Farben, Formen, Klängen, Empfindungen usw. erleben, sondern zum Beispiel einen gelben Tisch wahrnehmen. Der hat vier Beine, eine Platte oben drauf, auf der man essen oder vielleicht auch tanzen kann, und verursacht beim Zusammenstoß mit meinem kleinen Zeh Schmerzen. All diese Bedeutungen packen wir in die Wahrnehmung rein, sodass wir das Ganze dann eben „Tisch" nennen können (sehr interessant hierzu: Hayward 1996; Varela et al. 1995). Und in Abbildung 2-3 erkennen wir entweder einen Hasen

Abb. 2-3
Das Hase-Ente-Bild
von Jastrow (1900)

oder eine Ente. Mit solchen mehrdeutigen Bildern, den sogenannten Kipp- oder Vexierbildern, kann man zeigen, dass unsere Wahrnehmung ein sehr aktiver Prozess ist. In den vielfäl-
tigen Sinneseindrücken sucht oder schafft er Bedeutung. Wir
bekommen jedoch nur das fertige Endprodukt mit, der Prozess selbst bleibt uns in aller Regel verborgen. Aber das ist kein
Problem.

Manche Theoretiker behaupten sogar, dass unser Hirn
überhaupt keine „Fenster nach draußen" hat. Anders formu-
liert:

> *„Kognitive Systeme sind geschlossene Systeme im Hinblick
> auf Bedeutungen und offene Systeme in Bezug auf den Fluss
> von Energie."* (Stadler u. Kruse 1995, S. 13; Übs. d. A.)

Das bedeutet: Vielleicht wird unser Gehirn nur von außen
über die Sinne angeregt und schafft sich seine Welt dann
selbst. Sogar die Vorstellung von „außen" und „innen" könnte
eine Konstruktion sein ... Wer weiß?

Unsere Wahrnehmung ist nicht nur aktiv gestaltend, sie
sortiert auch kräftig aus und legt damit fest, welchen Ausschnitt wir von unserer Umgebung mitbekommen und welchen nicht – genau wie in der obigen Geschichte von den Blinden und dem Elefanten. Wahrgenommen wird nur das, was
uns gerade jetzt wichtig erscheint. Um ein Beispiel zu nennen:
Wenn man mit einem zu versendenden Brief durch die Stadt
geht, sucht und sieht man automatisch lauter gelbe Objekte
mit Schlitz, genannt „Briefkasten". Hat man seine Post schließlich aufgegeben, verschwinden diese wieder im Hintergrund.
Unsere Wahrnehmung ist also auch stark selektiv. Das ist
ebenfalls ganz natürlich und durchaus sinnvoll.

Nicht unproblematisch ist jedoch der Umstand, dass wir
uns der Perspektivhaftigkeit unserer Wahrnehmung und un-

seres Denkens in aller Regel nicht bewusst sind. Es ist so, als ob wir stets in unserer eigenen Sichtweise auf die Welt, in unserem persönlichen „Film" gefangen wären und den Film für die ganze Wirklichkeit hielten. Dabei bemerken wir den Unterschied zwischen unseren Gedanken über die Welt und der Welt selbst oft gar nicht mehr – wir verwechseln Repräsentation und Realität oder: Symbol und Wirklichkeit. Das nennt man „kognitive Fusion" (vgl. Hayes et al. 2003). Es ist, als ob wir versuchen würden, in das Foto eines Apfels zu beißen – kein Wunder, dass der nicht schmeckt! Oder versuchen Sie doch mal aus der Kaffeetasse in Abbildung 2-4 zu trinken und sagen mir dann, ob er noch etwas zu heiß ist!

Betrachten wir etwa unsere Reaktionen, wenn wir einen uns unangenehmen Satz aufschreiben, beispielsweise: „Heute Abend werde ich (oder mein Partner) einen Unfall mit dem Auto haben." Eigentlich machen wir nur Bewegungen mit unserer Hand und hinterlassen dabei farbige Linien auf dem Papier. Doch es fühlt sich so an, als ob das, worauf die sprachlichen Symbole verweisen, gerade jetzt wahr werden würde.

Abb. 2-4
Das ist – *keine*
Tasse Kaffee!

Menschen, die unter Zwangserkrankungen leiden und bei denen diese kognitive Fusion besonders ausgeprägt zu sein scheint, kommen darüber bisweilen in ein „pathologisches Zweifeln". Sie misstrauen ihrer Wahrnehmung und fragen sich etwa, ob sie gerade jemanden mit dem Auto über den Haufen gefahren oder den Herd auch wirklich ausgedreht haben – nur weil ihnen gerade ein entsprechender Gedanke in den Sinn kam. In abgeschwächter Form kennen wir das alle. Doch „nicht die Sinne trügen, sondern das Urteil über sie", schreibt Wolfgang Tunner (1999, S. 36), einer der Urväter der Verhaltenstherapie in Europa (und mein verehrter Doktorvater), in einem Buch über „Psychologie und Kunst". In der direkten Sinnesempfindung ist Täuschung nicht möglich.

> *„Empfindungen sind, was sie sind. Ihre subjektive Eigenart ist unbezweifelbar. Das macht die Sicherheit aus, mit der wir sie erleben."* (Tunner 1999, S. 36)

Eine amüsante Übung, mit der wir Sprache ihrer Symbolfunktion auf eindrucksvolle Weise berauben können, ist die „Milch-Milch-Milch-Übung". Mit ihr können wir Worte und das, worauf sie verweisen bzw. womit sie assoziiert sind, wieder „entmischen" (mod. nach Hayes et al. 2003, S. 154f.):

> Sprich bitte einmal das Wort „Milch" und sag mir, was dir dabei einfällt! (Alternativ kannst du das auch mit einem „heißen" Wort wie zum Beispiel „fett", „dumm" oder „wertlos" machen.)
> Lass uns das nun etwas genauer untersuchen: Was dir durch den Kopf ging, waren alles Dinge, die mit wirklicher Milch und deinen damit verbundenen Erfahrungen zu tun haben. Was wirklich da war, war jedoch nur das Geräusch

„M-I-L-C-H", keine wirkliche Milch – die war nur psycho-
logisch anwesend.
Ich würde dich nun bitten, das Wort „Milch" 1–2 Minuten
laut und schnell, immer wieder zu wiederholen und zu sehen, was passiert …
OK, stopp! Wo ist die Milch? Hast du bemerkt, was mit
den psychologischen Aspekten der Milch passiert ist, die
vor ein paar Minuten noch da waren? In aller Regel gehen
diese völlig flöten, das Wort „zersetzt" sich regelrecht und
man hört nur noch ein Geräusch.
Ist das nicht genau das Gleiche, wenn du sonst irgendetwas
zu dir sagst? Worte sind einfach Worte – Schall und Rauch!

Um sich diesen Versprachlichungs- und Interpretationspro-
zess in komplexen Alltags- bzw. Problemsituationen klarzu-
machen, hat der bekannte Psychologe Albert Ellis im Rahmen
seiner Rational-Emotiven Verhaltenstherapie das „ABC-Mo-
dell" entworfen (vgl. Ellis 1993). Mit diesem Modell können
wir uns auf einfache Weise bewusst machen, wie wir unsere
persönliche Version einer Szene schreiben. Stellen Sie sich einmal vor, Sie gehen die Straße entlang, ein Bekannter kommt
ihnen entgegen und – grüßt Sie nicht (A = Auslösende Situation, engl. „activating event"). Was würde Ihnen dabei durch
den Kopf gehen, was würden Sie denken (B = Bewertung, engl.
„beliefs")? Wie würden Sie sich fühlen, und wie würden Sie
reagieren (C = Konsequenz, engl. „consequences")? Sind das
Gedanken wie „Der ignoriert mich", „Er mag mich nicht" oder
„Ich hab wohl etwas falsch gemacht", so werden Sie verunsi-
chert und traurig oder vielleicht auch ärgerlich sein und entsprechend den Kontakt vermeiden. Gehen uns Dinge wie
„Dem geht es heute wohl nicht so gut", „Er hat mich nicht bemerkt" oder „Er war in Gedanken" durch den Kopf, wird man

wohl eher neutral gestimmt sein und vielleicht auch nachfragen, warum er nicht grüßte.

Bemerken wir nicht, dass wir eine Brille aufhaben bzw. die Situation aus unserer subjektiven Perspektive heraus sehen, sind wir in unserer Sichtweise gefangen – wie kleine Kinder, die (noch) keinen Perspektivenwechsel vornehmen können. Sie halten sich die Augen zu und sagen: „Jetzt kannst du mich nicht mehr sehen!", weil sie uns nicht mehr sehen. Sind wir uns jedoch dessen bewusst, dass wir gerade so denken, wie wir denken, d. h., dass wir nur eine von vielen möglichen Perspektiven haben, ist die Art und Weise, wie wir die Situation erleben, nicht mehr die einzige Wahrheit. Damit eröffnen wir uns viele verschiedene Handlungsoptionen, die vorher unmöglich – weil außerhalb unseres Blickfeldes – gewesen wären.

2.5 Depressive Rückfälle vermeiden: Die „Grübelfalle"

Wie Sie wissen, neigen wir in „schlechten Zeiten" dazu, Probleme zu wälzen und ausgiebig zu grübeln. Warum tun wir das? Weil unser Verstand darauf getrimmt ist, alles zu analysieren und zu bewerten und aus einem Problemlösemodus heraus nach Wegen zu suchen, wie sich die Sache ändern lässt. Wenn es um praktische Fragen geht, wie wir zum Beispiel einen Nagel in die Wand hauen sollen, ist das auch ganz hilfreich. Aber in Bezug auf unsere Gefühle, die sich nicht einfach so verändern lassen, hat diese Vorgehensweise eher einen paradoxen Effekt: Anstatt zu erkennen, was wir für unser Wohlergehen wirklich bräuchten, verrennen wir uns immer mehr in einem Denken, das sich nur noch im Kreis bewegt. Dadurch verstärken wir die eingetrübte Stimmung und finden keine Antworten auf Fragen wie „Warum geht es mir so schlecht?", „Welchen Wert hat mein

Leben noch?", „Wird das je wieder besser werden?" oder „Was wird nur aus mir werden?". Dabei sind wir wie wiederkäuende Kühe, die schon einmal Gegessenes stets wieder hochholen, um nochmal darauf herumzubeißen.

In den 70er Jahren veröffentlichte der US-amerikanische Psychiater und Vater der Kognitiven Verhaltenstherapie, Aaron T. Beck, seine Theorie zur Entstehung und Behandlung von Depression (Beck 1976). Daraufhin wurde vielfach die Vermutung geäußert (und wissenschaftlich untersucht), dass Menschen, die bereits eine oder gar mehrere depressive Phasen in ihrem Leben erfahren hatten und damit rein statistisch ein erhöhtes Risiko aufweisen, erneut an einer Depression zu erkranken (bis zu 80 % bei zwei oder mehr depressiven Episoden!), insgesamt negativer denken als solche, die noch nie an einer Depression litten. In der depressiven Episode sind selbstabwertende Gedanken („Ich bin ein Versager!"), starke Verallgemeinerungen („Nie gelingt mir etwas!") und hinderliche Einstellungen („Ich muss alles perfekt machen", „Alle müssen mich mögen", „Ich darf niemanden verletzen") nämlich an der Tagesordnung. Diese Annahme gilt heute als eindeutig widerlegt. Patienten, die eine oder mehrere depressive Phasen überstanden haben, weisen genauso viele oder wenige ungünstige Einstellungen auf wie Personen, die noch nie klinisch depressiv waren (Ingram et al. 1998)!

Es scheint aber so zu sein, dass Menschen, die schon mehrere depressive Episoden in ihrem Leben erlitten, durch das viele Grübeln in der Depression ein Denkmuster trainiert haben, das erst dann wieder aktiviert wird, wenn sich die Stimmung eintrübt. Das nennt man „kognitive Reaktivität". Experimentell kann man das sogar mit trauriger Musik erzeugen und dann per Fragebogen nachweisen. Und es zeigt sich: Je höher die Anzahl depressiver Krankheitsintervalle in der Vorgeschichte ist, desto leichter werden diese Muster reaktiviert.

Vorübergehende Stimmungstiefs sind jedoch Teil eines jeden gesunden Lebens und nichts Krankhaftes! Geht die Stimmung nun – aus welchem Grund auch immer – in den Keller, so werden bei Menschen, die schon einmal die Spuren des depressiven Denkens eingeschliffen haben, wieder ähnliche Denkmuster belebt. Das Grübeln oder „Ruminieren" stellt nun einen verzweifelten Problemlöseversuch dar, aus der trüben und als „negativ" bewerteten Stimmung herauszukommen. Doch wird es selbst zur Ursache dafür, dass aus dem vorübergehenden Tief eine kontinuierliche Abwärtsentwicklung – eine erneute depressive Episode – wird. Es „zementiert" nämlich genau jene Denkmuster, die für den akuten Zustand der Depression typisch sind. Abbildung 2-5 veranschaulicht diese Zusammenhänge.

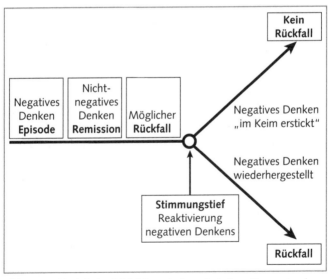

Abb. 2-5 Modell des Rückfallgeschehens bei einer Depression bzw. dessen Verhinderung durch Achtsamkeit (mod. nach Segal et al. 2002)

Das Forscher-Trio Segal, Williams und Teasdale, das sich sehr intensiv mit den Vorgängen bei depressiven Rückfällen auseinandersetzte, suchte nun nach einem Schlüssel, der in diesem Prozess eine mögliche Wendung bringen könnte. Sie fanden ihn in der geistigen Haltung von „Achtsamkeit" (Segal et al. 2002). Diese Haltung ist nicht bewertend und ermöglicht es, den reflexhaften, auf unmittelbare Erklärung und Veränderung abzielenden Denkprozess als „mentales Geschehen" zu erkennen, statt die Inhalte des Denkens für Realität zu halten. Aus „Ich bin ein Versager" wird: „Ich habe gerade den Gedanken, ein Versager zu sein." Damit wird das depressive Denken ausgehebelt und „im Keim erstickt" (vgl. Abb. 2-5).

Mit Achtsamkeit komme ich aus diesem leidvollen Handlungsmodus (doing mode) heraus und gelange in einen heilvolleren Seinsmodus (being mode), in dem ich erkenne, was ich ändern kann und was nicht (Segal et al. 2002). Meine Stimmung mag niedergeschlagen sein, aber ich kann mich trotzdem mit Freunden treffen, statt mich zurückzuziehen. Und ich kann diejenigen Dinge tun, die mir helfen und Kraft geben, und somit für mein seelisches Wohlergehen sorgen.

In diesem Sinne haben Segal et al. (2002) das von Kabat-Zinn entworfene Achtsamkeitstraining MBSR in eine besondere Form gebracht, die den spezifischen Bedürfnissen depressiv Erkrankter gerecht werden soll: die Mindfulness-Based Cognitive Therapy (MBCT) bzw. „Achtsamkeitsbasierte Kognitive Therapie" (Segal et al. 2002). Die klinische Wirksamkeit dieses Behandlungsansatzes zur Symptomlinderung und vor allem zur Rückfallprophylaxe bei Depression ist wissenschaftlich gut belegt (Chiesa u. Serretti 2011; Piet u. Hougaard 2011).

2.6 Über Weltbilder und heilige Kühe

Wir alle haben unsere Welt- und Selbstbilder, die wir wie „heilige Kühe" hüten. Sie sind uns selbst oft nicht bewusst und bilden quasi den Hintergrund unserer Erfahrungen. Das können Vorstellungen sein wie: „Ich bin nur so viel wert, wie ich leiste", „Ich muss immer alles perfekt machen", „Jeder muss mich mögen", „Ich darf niemanden verletzen" oder „Ich muss stets alles unter Kontrolle haben" und „Man kann letztlich niemandem vertrauen". Diese Überzeugungen sind sozusagen als „Überlebensregel" (Sulz 1994; vgl. auch Sulz 2005) auf dem Boden meiner persönlichen Lebensgeschichte gewachsen. Sie haben mir als Kind geholfen, in meinem sozialen Umfeld zu bestehen. Ob sie heute noch immer in der gleichen Weise gelten und hilfreich sind, wird ebenso wenig hinterfragt, wie ein kleines Kind den Osterhasen oder das Christkind in Frage stellt. Es ist einfach so.

Wird ein junger Mensch etwa von seinen Hauptbezugspersonen häufig massivst enttäuscht, verraten oder gar verlassen, hat er später wahrscheinlich große Mühe, zu vertrauen und unbefangen Liebe zu schenken. Er wird sich eher denken: „Wenn ich jemandem vertraue, werde ich verletzt". Und er wird dementsprechend misstrauisch sein. Erfährt ein Kind extreme Abwertung oder sogar körperliche Züchtigung, wenn es seine Bedürfnisse kundtut und durchzusetzen versucht, wird es als Erwachsener vermutlich nicht klar sagen können, was es braucht, und sich kaum in eigener Sache stark machen. Erhält das Kind dagegen Zuneigung, sobald es sich um andere kümmert – vielleicht ein jüngeres Geschwisterchen –, liegt eine Denkweise wie die folgende nah: „Ich darf nicht an mich denken, sondern muss immer für andere sorgen." Und hat jemand stets nur für seine Leistungen Liebe und Anerkennung erhalten, wird er oder sie sich natürlich beide Beine ausreißen – in der Annahme, nur so viel wert zu sein, wie man leistet. Diese Person wird leisten, was das Zeug hält. So wie ein Verdurstender in der Wüste praktisch alles für einen Schluck Wasser täte.

Treten Umstände ein, die unser Welt- oder Selbstbild in Frage stellen, werden sie entweder übersehen, ignoriert oder passend gemacht. Unsere Grundannahmen (Beck 1976) über die eigene Person und die Welt wirken nämlich wie die Öffnungen einer Steckbox für Kinder (s. Abb. 2-6). Sie lassen nur diejenigen Steine durch, für die es eine entsprechende Aussparung gibt – die „ins Schema passen" (wie zum Beispiel den Stein hinten links). Alles andere bleibt außen vor (der Klotz vorne rechts). Mit Gewalt kriegen wir natürlich auch einen Stein in die Kiste, für den kein passendes Loch vorgesehen ist – so wie wir manchmal die Realität gehörig verbiegen, damit unsere Welt wieder stimmt. Oder wir behaupten einfach: „So etwas gibt es nicht!"

Unsere mentalen Grundfesten sind wie eine „self-fulfilling prophecy". Das sind Aussagen oder Prophezeiungen, die sich selbst bestätigen. Da sagt einer zu allen Leuten, die ihm begeg-

Abb. 2-6
Die Steckbox meiner Tochter – von ihrem Vater für therapeutische Zwecke entwendet

nen: „Leg dein Geld bloß nicht bei dieser Bank an – die macht Pleite!", woraufhin jeder sein Geld von der Bank nimmt und diese schließlich – Pleite macht! Auch solche Regeln oder Annahmen, wie sie oben erwähnt wurden, bestätigen sich bisweilen selbst. So werde ich mit hoher Wahrscheinlichkeit auf Ablehnung von anderen Menschen stoßen, wenn ich ihnen nur lange genug mit extremem Misstrauen begegne. Grundsätzlich sind unsere Grundannahmen also konservativ.

Wachsen, lernen und weiterentwickeln können wir uns jedoch nur dann, wenn wir offen bleiben und bereit sind, diese Vor-Stellungen, die sich im wahrsten Sinne des Wortes nur zu gern „vor unseren Blick" stellen, zu hinterfragen. Erst dann sehen wir vielleicht, dass wir nicht mehr in der gleichen Welt leben, die uns als Kind geprägt hat. Vielleicht kann ich heute vertrauen, mir Fehler leisten und unperfekt sein und verliere auch dann nicht alle Sympathien, wenn ich mal ungemütlich – eben menschlich – bin. Möglicherweise finden das die anderen gerade anziehend an mir?

„Du sollst dir kein Gottesbild machen", heißt es im Alten Testament (Ex 20,4; Dtn 5,8). „Mach dir kein starres Bild von dir selbst!", müsste es in der Psychotherapie heißen. Denn oft können wir uns selbst erst dann annehmen und lieben, wenn wir unseren Vorstellungen, wie wir eigentlich sein sollten, entsprechen. Das ist bedingte Liebe. Wir alle sehnen uns jedoch nach unbedingter Liebe und Wertschätzung. Dann gedeihen und wachsen wir. Ein kleiner Säugling weiß noch nichts über Selbstwertregulation und solche komplizierten Dinge. Er schreit, und seine Eltern versuchen – so gut sie können – herauszufinden, welches Bedürfnis sich gerade eine Stimme verschafft. Wenn die Eltern die Signale des Kindes zeitnah und adäquat beantworten, fühlt es sich beachtet, wertvoll und kann in die Welt vertrauen.

Auch als Erwachsene müssen wir unser Selbstwertgefühl nicht notwendigerweise durch Leistung, Perfektion oder andere erworbene Normen speisen: Wir könnten unsere Gefühle und Bedürfnisse – ohne sie gleich zu bewerten – wahrnehmen und, soweit es die Situation erlaubt, beantworten. Dabei sind unsere Gefühle wie Bojen, die an der Oberfläche unseres Bewusstseins auftauchen und jeweils auf ein ganz bestimmtes, darunter liegendes Bedürfnis verweisen. Man könnte auch sagen: Sie sind der Motor, der uns antreibt, unseren Bedürfnissen entsprechend zu handeln. Sättigen wir unsere Bedürfnisse – auch wenn das manchmal nur mit Verzögerung und Kompromissen möglich ist –, entsteht ein natürliches Gefühl von „Gestilltsein" und Selbstwert, weil ich mich in meiner Bedürftigkeit ernst genommen habe.

Somit ist Achtsamkeit auch ein Weg zur soliden, weil bedingungslosen Selbstwertschätzung. Als „self compassion" (Neff 2003, 2012) ist das im englischsprachigen Raum bekannt und mittlerweile auch Gegenstand wissenschaftlicher Forschung (zum Beispiel Kuyken et al. 2010).

2.7 Sich sorgen oder für sich sorgen?

Sorgen sind ziemlich abstrakte Gebilde. Sie bestehen aus Gedanken, einer guten Portion körperlicher Anspannung und dem Gefühl von Angst. Manche Menschen neigen dazu, sich sehr viele Sorgen über das Leben zu machen. Teilweise sind sie auch – mehr oder weniger bewusst – davon überzeugt, damit besser für sich selbst und ihre Lieben zu sorgen, als wenn sie es „leichtfertigerweise" nicht täten. Zwar glauben wir alle manchmal insgeheim, dass unsere Sorgen helfen, mögliche Gefahren in der Zukunft vorwegzunehmen. Das ständige ängstliche Sich-Sorgen kann jedoch zu einem ernsthaften Problem werden und heißt dann „Generalisierte Angststörung", kurz GAS. Diese Erkrankung äußert sich darin, dass man in andauernder Angst und Sorge über viele verschiedene Lebensbereiche lebt. Das geht oft einher mit erheblicher innerer und körperlicher Anspannung.

Natürlich ist es nicht zu verhindern, dass sich uns immer wieder mal ängstliche Gedanken über die Zukunft aufdrängen. In gewisser Weise hat das für uns Menschen auch einen Überlebensvorteil: Wir können Situationen, die noch nicht gegenwärtig sind, vorwegnehmen und uns darauf vorbereiten, was Tiere zum Beispiel nicht im gleichen Ausmaß können. Allerdings sind wir Menschen solche Experten in dieser Sache, dass wir auf unsere bildhaften und sprachlichen Re-Präsentationen – mit denen wir uns die Welt im wahrsten Sinne des Wortes „wieder vor Augen" führen – emotional genauso reagieren wie auf die tatsächlichen Sachverhalte. Das kann so weit gehen, dass uns der klare Blick für die Gegenwart weitgehend abhandenkommt und wir uns vor lauter Ängstlichkeit und Sorge auch nicht mehr gut um uns selbst und unsere Zukunft kümmern können.

Das beste Beispiel hierzu lieferte eine Patientin. Sie sagte: „Da stehe ich unter der Dusche und taste plötzlich einen Knoten in meiner Brust. Und anstatt das einzig Richtige in der Situation zu tun – nämlich zum Arzt zu gehen und mich eingehend untersuchen zu lassen –, denke ich sofort darüber nach, ob das etwas Bösartiges sein könnte, was wäre, wenn ich nun Krebs bekäme, und wie mein Leben dann weitergehen würde."

Am besten sorgen wir für die Zukunft und ein sinnerfülltes Leben, wenn wir unsere Sorgen achtsam betrachten, sie loslassen und uns der lebendigen Gegenwart gewahr werden. Denn der gegenwärtige Augenblick ist die „Geburtsstätte" der Zukunft. Es gibt auch wissenschaftliche Belege dafür, dass die Praxis von Achtsamkeit – neben anderen therapeutischen

Strategien – bei krankhaft ausgeprägten Sorgen hilfreich ist (Delgado et al. 2010; Evans et al. 2008; Hoyer u. Beesdo 2006; Rapgay et al. 2011).

Befragt man Personen, die an einer Generalisierten Angststörung leiden und sich daher mit sehr vielen Sorgen herumschlagen, kann man eine interessante Feststellung machen: Sie haben im Vergleich zu einer nicht ängstlichen Vergleichsstichprobe weniger bildhafte und mehr sprachliche Gedanken (Borkovec u. Inz 1990). Da gibt es Fragen, ängstliche Feststellungen, Was-wäre-wenn-Gedanken, allgemeine Erwägungen über die Unsicherheit von Diesem und Jenem – und noch mehr Fragen.

Nun sind unsere mentalen Bilder viel emotionsgeladener als verbale Gedanken. Das können Sie selbst leicht nachvollziehen, indem Sie zunächst einmal das Wort „Unfall" denken … und sich anschließend einen Unfall mit kaputten Autos, verletzten Menschen, Feuerwehr, Sirenen, Krankenwagen usw. ganz konkret vorstellen. Folglich kann man annehmen, dass mit den vielen sprachlich formulierten Sorgen letztlich noch beängstigendere Schreckensbilder, die sich jedem von uns hin und wieder aufdrängen, vermieden werden (Borkovec u. Inz 1990). Das verstörende Bild unseres Partners, der auf der Autobahn einen Unfall hat, wird verdrängt von viel Text und Fragen wie: „Ob er wohl schon angekommen ist? Hoffentlich ist ihm nichts passiert! Hat er sein Handy dabei? Und ist es eingeschaltet?" etc. Wir vermeiden auf diese Weise intensive Emotionen von Angst (Borkovec u. Roemer 1995), die jedoch zu jedem gesunden und erfüllten Leben dazugehören. Weil das – zumindest kurzfristig – funktioniert, wird das ängstliche Grübeln indirekt belohnt und damit aufrechterhalten. Andererseits können diese Sorgen selbst wieder Anlass für weitere Fragen und Ängste werden – zum Beispiel, dass man durch die vielen Sorgen vielleicht irgendwann verrückt werde.

Wollen wir entsprechend unserer Werten handeln, ist Bereitwilligkeit erforderlich, auch intensive Emotionen – die „volle Katastrophe des Lebens" (Zorbas der Grieche) – zu erleben (Hayes et al. 2003; Kabat-Zinn 2005). Das können wir umso besser, je mehr wir es verstehen, unsere Gefühle auf achtsame Weise anzunehmen, ohne sie zu bewerten – selbst wenn sie teilweise schmerzlich sind. Sind wir nur darauf aus, unangenehme Gefühle zu vermeiden, wird ein Leben für unsere Werte unmöglich. Halten wir die Ungewissheit aus, wenn unser Partner mal etwas alleine unternimmt? Nur so können wir den Wert einer „gesunden Partnerschaft" leben, ohne den anderen zu ersticken. Nehmen wir die Angst an, die entsteht, wenn wir sehen, wie das eigene Kind seinen Weg geht? Nur so kann es sich zu einem verantwortungsbewussten Erwachsenen entwickeln – und wir zu „guten Eltern" werden. Traue ich mir berufliche Veränderungen trotz der finanziellen Unsicherheit zu, die sie mit sich bringen? Nur so kann ich vielleicht den Wert meiner „beruflichen und persönlichen Weiterentwicklung" leben.

Werte sind anders als Ziele (vgl. Hayes et al. 2003). Wenn wir auf die großen Endziele blicken, kann uns das teilweise entmutigen, weil wir ihnen oft nur sehr langsam nahe kommen. Manchmal verlieren wir vielleicht genau aus diesem Grunde die Motivation, etwas weiterzuverfolgen. Hab ich etwa nur das Ziel vor Augen, ein ebenso virtuoser Gitarrist wie Jimi Hendrix oder Carlos Santana zu werden, und höre mich dann selbst spielen, möchte ich die Gitarre gleich wieder einpacken. Werte hingegen schaffen „Sinn", also – im wahrsten Sinne des Wortes – eine Richtung, die bereits beim allerersten Schritt verwirklicht wird. Der Wert „Gesundheit" wird bereits beim Verzicht auf eine einzige unnötige Zigarette oder beim ersten Joggen realisiert. Es geht in eine Richtung. Und wenn wir eine Richtung haben, die uns wertvoll scheint, einen Sinn, sind wir

Menschen in der Lage, viel Engagement aufzubringen und unglaublich viel Schmerz anzunehmen. Bekannte Beispiele gibt es dafür genug: die Geschwister Scholl im Dritten Reich, Mahatma Ghandi oder der Dalai Lama in Indien bzw. Tibet und natürlich das christliche Vorbild Jesus.

2.8 Achtsam im Alltag

> Ein in der Meditation erfahrener Mann wurde einmal gefragt, warum er trotz seiner vielen Beschäftigungen immer so glücklich sein könne.
> Er sagte: „Wenn ich stehe, dann stehe ich, wenn ich gehe, dann gehe ich, wenn ich sitze, dann sitze ich, wenn ich esse, dann esse ich, wenn ich spreche, dann spreche ich …"
> Dann fielen ihm die Fragesteller ins Wort und sagten: „Das tun wir auch, aber was machst du darüber hinaus?"
> Er sagte wiederum: „Wenn ich stehe, dann stehe ich, wenn ich gehe, dann gehe ich, wenn ich sitze, dann sitze ich, wenn ich esse, dann esse ich, wenn ich spreche, dann spreche ich …"
> Wieder sagten die Leute: „Aber das tun wir doch auch!"
> Er aber sagte zu ihnen: „Nein, wenn ihr sitzt, dann steht ihr schon, wenn ihr steht, dann lauft ihr schon, wenn ihr lauft, dann seid ihr schon am Ziel."

Die meiste Zeit navigieren wir im „Autopilotmodus" durch unser Leben, ohne wirklich mitzubekommen, was wir tun oder was um uns herum alles geschieht. So können wir viele Kilometer im Auto fahren, lenken, schalten, blinken, Gas geben und bremsen, während wir uns gleichzeitig mit dem Beifahrer unterhalten oder – wenn wir alleine sind – in Gedanken verlieren. Der Autopilot kann bei allen Tätigkeiten aktiviert werden, die sehr gut gelernt und trainiert sind, man sagt auch: „überlernt". Durch ihn können wir unsere geistige Energie für andere Dinge nutzen, die gerade unserer vollen Aufmerksamkeit bedürfen. So kann ich mich – um im obigen Bild zu bleiben – beim Autofahren umso mehr auf die aktuelle Verkehrssituation konzentrieren, je weniger ich mich mit dem Kuppeln, Schalten und Blinken beschäftigen muss. Der Fahranfänger kennt diesen Zusammenhang. Nachteilig ist jedoch, dass der Autopilotmodus keinerlei Freiheiten zulässt. Genau wie im Flugzeug hat er eine feste Programmierung, kann nicht frei und kreativ handeln, wenn zum Beispiel eine unvorhergesehene Problemsituation auftritt. Das können wir nur, wenn wir mit Achtsamkeit auf „manueller Steuerung" sind.

Wenn es juckt, kratzen wir uns – ganz ohne Aufmerksamkeit. Aber was ist, wenn es uns juckt, weil wir einen Mückenstich haben? Wird's da besser, wenn wir kratzen? Hier können und müssen wir eine bewusste Entscheidung treffen, nicht zu kratzen, wenn wir wollen, dass sich die Haut wieder beruhigt und der Juckreiz abnimmt. Leider werden unsere Autopilotprogramme – quasi wie bei der Dressur – von kurzfristigen „Belohnungen" oder „Bestrafungen" gesteuert, und so sind sie oft nicht die optimale Lösung auf lange Sicht. Bei der Depression etwa sagt der Autopilot, dass wir uns zurückziehen sollen, was uns kurzfristig entlasten kann. Langfristig werden wir jedoch durch den fehlenden Kontakt zu anderen noch depressiver. In einer Angststörung erleichtern wir uns oft durch Vermeidung, was die Ängste wachsen lässt und das Befürchtete mächtig und bedeutsam macht. Und Menschen mit Zwängen beruhigen sich vielleicht kurzfristig durch Waschen, Kontrollieren oder andere Rituale, die teilweise auch gedanklicher Art sind. Dadurch bekommen sie immer größere Schwierigkeiten, diese zu unterlassen – auch wenn einem längst klar ist, dass sie unnötig sind. Alle Süchte funktionieren auf diese Weise. Kurzfristige Belohnung macht abhängig. Je schneller die Belohnung eintritt, wie etwa beim Spritzen von Heroin, desto ist größer das Abhängigkeitspotential. Das Nikotin einer Zigarette benötigt etwa sieben Sekunden, bis es im Gehirn und in den Muskeln ankommt, Heroin noch weniger. Im Autopilotmodus unterliegen wir also unseren eigenen Konditionierungen und sind damit anfällig für schädliches Verhalten, das uns vielleicht kurzfristig entlasten mag, langfristig aber zum Problem werden kann.

Ich werde das kurz anhand eines Kinderspiels demonstrieren. Sie müssen dazu möglichst schnell ein paar Fragen beantworten, die ich Ihnen gleich stellen werde. Welche Farbe hat eine Wolke? ... Welche Farbe hätte dieses Blatt Papier, wenn es unbeschrieben wäre? ... Welche Farbe haben (gepflegte) Zähne? ... Und Schnee? ... Was trinkt die Kuh? ... Ha! Wenn Sie jetzt „Milch" gesagt haben, sind Sie reingefallen! Denn sie trinkt natürlich Wasser! Wir sagen aber „Milch", weil „weiß" mit „Milch" eine enge assoziative Verknüpfung hat, welche konditioniert ist! Um bei diesem Spiel nicht reinzufallen, müssen wir also extrem wach sein.

Wenn wir es verstehen, immer wieder neu und frisch wahrzunehmen, haben wir die Möglichkeit, aus den vorprogrammierten Mustern auszusteigen und selbstbestimmt im Dienste unseres längerfristigen Wohles – und entsprechend unserer Werte – zu handeln. Im Zen-Buddhismus nennt man das „Anfängergeist" (Suzuki 1990). In Abschnitt 3.12 werde ich darauf noch etwas ausführlicher eingehen (s. S. 97).

2.9   Gehen, um zu gehen: Über Weg und Ziel

Vielleicht kennen Sie den wundervollen Märchen-Roman „Momo" von Michael Ende (1973). Er handelt von den Zeit-Dieben und einem Mädchen, das den Menschen die gestohlene Zeit zurückbrachte. In der folgenden Passage erklärt Beppo, der Straßenfeger – ein ebenso einfacher wie weiser Mann – der kleinen Momo, wie er seine Arbeit verrichtet:

„Siehst du, Momo", sagte er dann zum Beispiel, „es ist so: Manchmal hat man eine sehr lange Straße vor sich. Man denkt, die ist so schrecklich lang; das kann man niemals schaffen, denkt man."

Er blickte eine Weile schweigend vor sich hin, dann fuhr er fort: „Und dann fängt man an, sich zu eilen. Und man eilt sich immer mehr. Jedes Mal, wenn man aufblickt, sieht man, dass es gar nicht weniger wird, was noch vor einem liegt. Und man strengt sich noch mehr an, man kriegt es mit der Angst, und zum Schluss ist man ganz außer Puste und kann nicht mehr. Und die Straße liegt immer noch vor einem. So darf man es nicht machen."

Er dachte einige Zeit nach. Dann sprach er weiter: „Man darf nie an die ganze Straße auf einmal denken, verstehst du? Man muss nur an den nächsten Schritt denken, an den nächsten Atemzug, an den nächsten Besenstrich. Und immer wieder nur an den nächsten."

Wieder hielt er inne und überlegte, ehe er hinzufügte: „Dann macht es Freude; das ist wichtig, dann macht man seine Sache gut. Und so soll es sein."

Und abermals nach einer langen Pause fuhr er fort: „Auf einmal merkt man, dass man Schritt für Schritt die ganze Straße gemacht hat. Man hat gar nicht gemerkt wie, und man ist nicht außer Puste." Er nickte vor sich hin und sagte abschließend: „Das ist wichtig."[4]

---

4   Ausschnitt aus dem Roman „Momo" von Michael Ende, © 1973 Thienemann in der Thienemann-Esslinger Verlag GmbH, Stuttgart.

Wir Menschen verbringen ungeheuer viel Zeit damit, auf etwas hinzuarbeiten oder uns auf etwas vorzubereiten, und sagen: „..., aber DANN ...!" Wenn ich erst mal groß bin, mit der Schule oder der Ausbildung fertig, meinen Führerschein habe, verheiratet bin und Kinder habe und und und. Auch im Kleinen: Wenn ich mit dem Abwasch fertig bin oder diese und jene Arbeit verrichtet habe, DANN – kommt MEINE Zeit! Leben wir auf diese Weise, verpassen wir – um mit dem vietnamesischen Zen-Meister Thich Nhat Hanh (1995) zu sprechen – unsere „Verabredung mit dem Leben". Das Leben ist dann ein einziges „Um-Zu", weil wir ständig in Vorbereitung auf irgendetwas leben und die Dinge nicht um ihrer selbst willen tun. Ist der ersehnte Zeitpunkt dann gekommen, wie beispielsweise der Urlaub, so können wir ihn nicht genießen, weil wir es schlichtweg verlernt haben, in der Gegenwart zu sein. Unser Geist ist so daran gewöhnt, in die Zukunft oder die Vergangenheit zu springen, dass dieses „DANN" niemals kommt.

Der amerikanische Psychologie-Professor Mihaly Csikszentmihalyi (er ist ungarischer Abstammung) beschäftigte sich ausgiebig mit dem Thema „Glück". Er erkannte in seinen vielen Studien, dass dieses Gegenwärtigsein in der Handlung, das Im-Tun-Aufgehen, ein wesentliches Merkmal von und eine Voraussetzung für Glückserfahrungen ist. Am häufigsten machen wir solch eine „optimale Erfahrung", die er „Flow" nennt, in Situationen, die uns weder unter- noch überfordern – das eine erzeugt Langeweile, das andere Angst und Stress (Csikszentmihalyi 1975). Oft ist diese Erfahrung verbunden mit tief empfundenem Glück und Zufriedenheit. So etwa, wenn ein Musiker ganz in seinem Spiel aufgeht oder ein Tänzer „eins" mit seinen Bewegungen wird. Die Passung der eigenen Fähigkeiten mit den Anforderungen einer zu bewältigenden Aufgabe ist jedoch weder die alleinige Bedingung noch eine Garantie für einen Glücksmoment. Bei ganz einfachen

Tätigkeiten, die schnell langweilig werden können, wie das Straßefegen oder der Geschirrabwasch, kann solch ein „Flow-Erleben" gleichermaßen entstehen, wenn wir die Voraussetzung dafür schaffen: das achtsame Verweilen in der Gegenwart. Achtsamkeit lässt uns auch beim Abwaschen einen Sinn für die Herausforderungen im Detail finden und macht es damit zu etwas Erfüllendem. Und die anderen Familienmitglieder freuen sich, wenn wir uns nicht davor drücken.

Es geht also lediglich um das Sich-Einlassen auf das, was wir tun. Aber warum lassen wir uns auf so viele Momente in unserem Leben nicht wirklich ein, wie beispielsweise auf das Sitzen in der U-Bahn oder das Abwaschen von Geschirr nach dem Essen? Weil wir unterscheiden zwischen „Freizeit" und „Arbeitszeit", „meine Zeit" und „deine Zeit". Oder unterteilen in „langweilige Tätigkeit" und „spannende Sache" etc. Was uns dabei entgeht, ist die Tatsache, dass jeder Moment unwiederbringlicher Teil unseres Lebens ist. Wenn wir uns von diesen Konzepten befreien, könnten wir viel mehr Zeit zu unserer Lebenszeit machen und viel mehr Glück erfahren. Nicht nur im Jahresurlaub auf Hawaii! Dazu ein kurzes Zitat aus dem Buch „Das Wunder der Achtsamkeit" von Thich Nhat Hanh (1996, S. 10):

„Dann sagte Allen: ‚Ich habe einen Weg gefunden, viel mehr Zeit für mich zu haben. Früher betrachtete ich meine Zeit so, als sei sie in verschiedene Abschnitte unterteilt. Einen Teil hatte ich für Joey reserviert, einen anderen für Sue, einen weiteren, um ihr mit Ana zur Hand zu gehen, und einen weiteren für die Hausarbeit. Die noch verbleibende Zeit betrachtete ich als mir gehörig. Ich konnte dann lesen, schreiben, Untersuchungen anstellen und spazieren gehen. Jetzt versuche ich, meine Zeit überhaupt nicht mehr in Abschnitte zu unterteilen. Ich betrachte die Zeit mit Joey und Sue als meine eigene Zeit. Wenn ich Joey bei seinen Hausaufgaben

helfe, versuche ich, einen Weg zu finden, diese Zeit als meine eigene zu sehen. Ich arbeite mit ihm seine Hausaufgaben durch, teile seine Gegenwart mit ihm und suche nach Wegen, Interesse an dem zu gewinnen, was wir gerade tun. Auf diese Weise wird die ihm gewidmete Zeit zu meiner eigenen Zeit. Das Gleiche mache ich mit Sue. Und das Bemerkenswerte daran ist, dass ich jetzt unbegrenzt Zeit für mich selbst habe!"

Um noch einem weit verbreiteten Missverständnis vorzubeugen: Achtsamkeit heißt nicht unbedingt, dass man alles ganz bedächtig und langsam machen muss. Ein japanischer Schwertkämpfer ist alles andere als langsam, jedoch in höchstem Maße gegenwärtig! Auch wenn wir gerade in Eile sind und uns abhetzen, um den nächsten Zug noch zu erreichen, hindert uns niemand daran, dies auf eine achtsame Weise zu tun – so als würden wir „am Wochenende joggen". Dabei wären wir bei gleichem Tempo wahrscheinlich sehr entspannt und würden es genießen! Wir haben stets die Wahl!

Zum Abschluss des Kapitels möchte ich noch ein paar Gedanken über die Wahrnehmung bzw. das Erleben von Zeit, die Beschaffenheit unseres Bewusstseins und die Entstehung von Identität mit Ihnen teilen – Themen, die mich seit jeher beschäftigt haben (vgl. dazu auch Metzner 2003, S. 86–99). Insbesondere die Frage, ob die Zeit notwendigerweise immer schneller verstreichen muss, je älter wir werden, oder ob wir sie vielleicht verlangsamen können, finde ich ganz essentiell. Wem das zu „abgefahren" ist, der möge einfach direkt in Kapitel 3 weiterlesen.

2.10 Zeit, Bewusstsein und Identität

„Wenn Zeit von Dingen abhängt,
wie könnte die Zeit dann,
getrennt von diesen Dingen, existieren?
Die Dinge existieren nicht wirklich.
Also wie sollte es Zeit geben?"
(Nagarjuna nach Garfield 1995, S. 51; Übs. d. A.)

Was meint man, wenn man sagt, man nehme die Zeit wahr oder erlebe Zeit? Im Allgemeinen versteht man darunter das Bemerken von Wandel oder Veränderung. Wenn die Bäume im Herbst ihr farbenreiches Laub abwerfen, kommt einem zu Bewusstsein, dass schon wieder ein Sommer vorüber ist und der Winter bevorsteht. Es ist Zeit vergangen. Lauscht man den Klängen einer Melodie, wird die Flüchtigkeit des Momentanen noch augenfälliger – was eben noch war, ist schon nicht mehr. Doch bleibt es auf eigentümliche Weise in dem erhalten, was gerade ist und sogar noch kommen wird.

Nehmen wir die Zeit als Veränderung etwas genauer unter die Lupe, offenbart sich ein merkwürdiger Widerspruch, den man gut am Beispiel eines Flusses verdeutlichen kann. Der Fluss ist seit jeher Inbegriff des Wandels und ein Urmotiv der künstlerischen Darstellung von Zeit. Von den Bergen bis ins Tal herabströmend, zeigt er im metaphorischen Sinne den Lauf der Zeit aus der Vergangenheit über die Gegenwart hin zur Zukunft. Je nachdem, wie schnell das Wasser die Gegenwartsgrenze passiert, verrinnt die Zeit mehr oder weniger rasch. Was bei diesem Bild allerdings übersehen wird, ist die Tatsache, dass das Wasser nur dann vorbeifließt, wenn man als unbeweglicher Beobachter am Ufer sitzt (vgl. Merleau-Ponty 1966, S. 467). Das auf der Oberfläche dahintreibende Blatt hätte bestimmt nicht den Eindruck vorbeiströmenden Wassers, eher den einer vorüberziehenden Landschaft. Um es auf den Punkt zu bringen: Veränderung braucht einen festen Bezugspunkt, einen konstanten Hintergrund, um überhaupt als solche registriert werden zu können. Man kann nur dann sagen, ein uns bekannter Mensch habe sich verändert, wenn man unterstellt, dass er in irgendeiner Weise gleichzeitig derselbe geblieben ist. Ansonsten wäre es einfach ein anderer Mensch. Der Erfahrung von Zeit als Veränderung liegt also ein Identitätsbewusstsein zugrunde, ein grundlegendes Bewusstsein von Dinghaftigkeit, denn: Nur ein Etwas kann sich verändern.

Dabei ist diese Identität – das Ding – nichts, was man im phänomenal Gegebenen tatsächlich vorfindet. Vielmehr geht die Wahrnehmung einfach von dinglicher Existenz aus, unterstellt sie in dem, was sich der sinnlichen Anschauung bietet. Wir haben damit ein dialektisches Verhältnis der Aspekte Dauer bzw. Konstanz und Wandel. Jedes ist das Gegenteil des anderen und scheint gleichzeitig dessen Voraussetzung zu sein.

Wir können zusammenfassen: Im vollkommenen Wandel wäre Veränderung bedeutungslos. Erst wenn die Wahrnehmung im Fluss der sinnlich erfahrbaren Wirklichkeit sich selbst gleich bleibende Identitäten unterstellt, erscheinen Dauer und Veränderung als die „zwei Gesichter der Zeit". Dabei wird Veränderung zum Maß der Dauer von Entitäten, die überhaupt erst vor dem Hintergrund des Wandels zu behaupten sind.

Doch wo Dinge als Objekte gesetzt werden, da wird notwendigerweise auch ein Subjekt unterstellt, das sie als Gegenstand der eigenen Wahrnehmung hat. Damit entpuppt sich das Bewusstsein von Zeit als eine Form reflexiven Selbstbezuges. Innerhalb des Bewusstseinsflusses liegt also der Schlüssel zum Verständnis von Selbst, Welt und Zeit.

Bei oberflächlicher Betrachtung scheint der Fluss des Bewusstseins stetig zu sein, so wie die Bilder eines Kinofilms aufgrund ihrer schnellen Abfolge den Anschein flüssiger Bewegungen und weicher Übergänge erwecken. Ließe man den Film hundertmal langsamer laufen, wäre der diskrete Wechsel von Bild zu Bild dagegen ganz offensichtlich.

Die phänomenologisch orientierte Psychologie des Buddhismus, wie sie im Abhidharma (Sanskrit: „hohe" Lehre) – einem der drei Teile des traditionellen, buddhistischen Pali-Kanons – dargelegt ist, lehrt nun, dass auch das Bewusstsein aus einzelnen Momenten besteht (vgl. Komito 1987; Nyanatiloka 1995; Sekida 1993). Diese Behauptung ist nicht als unumstößliches Dogma zu verstehen, sondern kann und soll von jedem Schüler selbst innerhalb der Meditation untersucht werden. Nur durch hundertprozentige Geistesgegenwart und eine besondere Klarheit des Bewusstseins können die ungeheuer flüchtigen und subtilen Vorgänge der Erfahrung korrekt und unverfälscht erkannt werden.

Und so stellt sich die Wirklichkeit der Erfahrung für den Geschulten bei näherem Hinsehen als Aneinanderreihung einzelner Daseinsmomente (Dharmas) dar, die jeweils nur für einen winzigen Augenblick bestehen und dann wieder verschwinden. In der ältesten systematischen Darstellung des Buddhismus, dem Weg zur Reinheit oder Visuddhi-Magga (Buddhaghosa 1997, S. 747), heißt es dazu:

„Das Leben sowie alles Dasein,
Wie alle Freude, alles Leid,
Hängt bloß an einem Denkmoment,
Und schnell eilt der Moment dahin.

Sie [die Dharmas] kommen aus dem Ungesehenen,
Ins Ungeseh'ne eilen sie erlöschend.
Gleichwie der Blitz am Himmel leuchtet auf,
So kommen sie und schwinden wieder hin. "

Innerhalb eines solchen „Erfahrungsatoms" erscheint das Bewusstsein als Seh-, Hör-, Riech-, Schmeck-, Fühl- oder Geistbewusstsein. Auch Letzteres wird im Buddhismus als Sinnesbewusstsein betrachtet. An Stelle externer Eindrücke hat es Konzepte, Ideen, Vorstellungen oder vorangegangene Erfahrungsaugenblicke zum Objekt und ist nicht nur aufnehmend, sondern auch aktiv gestaltend.

Genau genommen findet nur in den wenigen „frischen" Momenten primären Sinnesbewusstseins, die in Abbildung 2-7 mit (1) gekennzeichnet sind, ein unverfälschter Bezug zwischen dem Bewusstsein und der Umgebung statt. Gewöhnlich schließt sich daran sofort eine Reflexion (2) an, die sich des

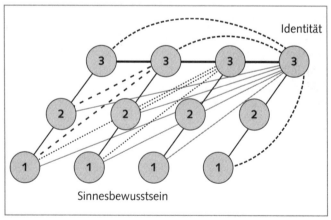

Abb. 2-7 Schema des Bewusstseins aus buddhistischer Sicht (mod. nach Sekida 1993)

vorangegangenen Bewusstseinsmoments als Objekt bemächtigt. Anstatt eine neue Sinneserfahrung zu machen, wird die eben vergangene noch einmal als Moment von Geistbewusstsein „aufgewärmt" – repräsentiert – und in bekannte und verfestigte Schemata eingeordnet, die vornehmlich sprachlicher Natur sind. Diese Objektivierung der ursprünglichen Erfahrungsmomente bildet dabei wiederum die Grundlage der Vorstellung, dass da ein Subjekt, ein „Ich", ist, das Erfahrungen hat und das man vielleicht in einer weiteren Reflexion (3) vergegenständlichen und somit „einfangen" kann.

Trotz der Tatsache, dass das unterstellte Subjekt per definitionem nicht Gegenstand der Betrachtung werden kann – sonst wäre es ein Objekt –, schließen sich an eine erste Reflexion meist noch zahlreiche weitere. So formieren das Grundschema der Dualität von Ich und Welt und das Schema sich selbst gleich bleibender Dinge praktisch den gesamten Erfahrungsstrom, der damit eher Vorstellung als sinnliche Wirklichkeit ist. Parallel zu dem sehr „verdünnten" Strom von Primärerfahrungen (1) bildet ein Strang von Reflexivmomenten zweiter Ordnung (3) das, was wir „unsere Identität" nennen. Ihr ordnen wir vergangene, gegenwärtige und zukünftige Erfahrungen als die unsrigen zu. Die Integration von Erfahrung in den reflexiven Bewusstseinsmomenten höherer Ordnung ist damit nicht nur Geburtsstätte unserer Ich-Vorstellung, sondern auch bewusstseinsmäßiger Ursprung der Zeit. Wird Vergangenes nicht als meine Vergangenheit festgehalten, Gegenwärtiges nicht als diejenige Situation verstanden, in der ich mich gerade befinde, und die Zukunft nicht als die meinige erwartet, bleibt nur die zeitlose und reine Erfahrung des Jetzt zurück – fließend, ohne Gegenstand und ohne Besitzer.

Phänomenologisch gesehen scheint es, dass Zeit erst dann Gegenstand bewusster Erfahrung wird, wenn diese Reflexion zweiter Ordnung auftritt, das Selbst also ebenfalls Gegenstand der Erfahrung ist. Bewusste Zeit ist damit immer Selbst- oder Ich-Zeit – eine Zeit, in der ich mich im Selbstbezug über die Welt habe und nicht nur in ihr als Handelnder bin. Das ist wohl auch der Grund, warum Veränderungen des Identitätsgefühls oder Ich-Bewusstseins meist mit Veränderungen des Zeiterlebens einhergehen. So sind beim Konsum „bewusstseinserweiternder" Drogen außergewöhnliche Erfahrungen der eigenen Person wie Depersonalisation oder Selbst-Fragmentierung oft von extremen Zeitlupen- oder Zeitraffererfahrungen begleitet. Vergleichbares wird bisweilen auch von Patienten mit Schizophrenie bzw. dissoziativen Störungen berichtet. Der kontinuierliche Zeitfluss scheint dabei ebenso brüchig und lückenhaft zu werden wie die eigene Identität bzw. das Ich-Bewusstsein. Insbesondere bei dissoziativen Störungen findet man nicht selten eine Vorgeschichte mit traumatisierenden Erfahrungen, die meist nur fragmentarisch erinnert werden.

Das Verschwinden der Selbstbewusstheit und die Auflösung des Zeitgefühls können jedoch auch sehr positiv empfunden werden, wie wir in Abschnitt 2.9 bereits gesehen haben. Bisweilen ist man in solchen Zuständen achtsamer Gegenwärtigkeit völlig selbstvergessen und fühlt sich eins mit der als fließend erlebten Tätigkeit. Die Zeit scheint schnell zu vergehen, unter Umständen kann es sogar zu einem völligen Verlust des Zeitempfindens kommen. Rückblickend werden solche Momente aber meist als sehr erfahrungsreich erlebt und zeitlich eher überschätzt. Situationen, in denen die Zeit subjektiv sehr langsam verging und wir uns vielleicht sogar langweilten, wirken in der Erinnerung hingegen oft kürzer. Dieses Phänomen nennt man „Zeit-Paradox".

Der „Eintritt in die Zeitlichkeit" wird übrigens auch im religiösen Kontext mit dem Erkennen bzw. Unterstellen eines Selbst in Verbindung gebracht. Im Christentum sind es Adam und Eva, die aus dem ewigen und damit zeitlosen Paradies verbannt wurden, weil sie vom Baum der Erkenntnis gegessen und sich dadurch quasi selbst als Erkenntnis-Objekte aus der unteilbaren Wirklichkeit der Einheit von Subjekt und Objekt ausgeschlossen haben. Und der Buddhismus lehrt, dass die Ewigkeit als zeitlose Jetztheit bzw. als Wirklichkeit des „Soseins" (Tatatha) inmitten der „drei Zeiten" (Vergangenheit, Gegenwart und Zukunft) wiedererlangt werden kann, wenn man nur die falsche Vorstellung eines inhärent existierenden Selbst aufgibt und erkennt, dass Erfahrung an sich weder subjektiv noch objektiv ist.

„And now for something completely different", wie es in „Monty Pythons wunderbare Welt der Schwerkraft" von Ian MacNaughton (1971) so schön heißt – nämlich zum Humor.

3 Humor

Brian: „Und ihr seid alle völlig verschieden!"
Volk: „Ja, wir sind alle völlig verschieden!"
Einer: „Ich nicht!"

(Monty Python)

Ehrlich gesagt, hab ich ein etwas mulmiges Gefühl, über Humor zu schreiben. Das fühlt sich so ähnlich an wie Witze-Erklären, und bekanntlich gibt es nichts Unlustigeres. Doch finde ich Humor so enorm wichtig und untrennbar von Achtsamkeit, dass ich ein paar Gedanken dazu mit Ihnen teilen möchte.

Stellen Sie sich folgende Situation vor: Sie gehen auf der Straße und plötzlich – „Wusch!" – schlägt es in Ihrem Gesicht ein. Nase und Stirn schmerzen und Sie sinken zu Boden. Und als Ihre Augen nach dem ersten Schock wieder beginnen, Teile der Umgebung wahrzunehmen, sehen Sie ... eine Straßenlaterne! Genau das ist mir passiert. Ich dachte im ersten Moment – wie Sie vielleicht auch –, jemand hätte mir eines auf die Nase gegeben. Entsprechend fühlte ich mich angegriffen, verängstigt, sauer und sonst noch was. Als ich erkannte, dass mein vermeintlicher Angreifer ein harmloser Laternenmast war, sah ich die Situation urplötzlich wie in einem Comic – mit Distanz – und war extrem belustigt. Was sich in schallendem Gelächter äußerte. So kann Humor, ein Sinn für die Ironie einer Situation, unser Gefühl verwandeln. Ohne Humor sind wir immer etwas verbissen, stecken in einer Sichtweise fest.

Lassen Sie uns hierzu ein kleines Experiment durchführen: Halten Sie eine Hand horizontal mit der Handfläche nach unten direkt vor Ihren Mund. Nun beißen Sie zu! (Bitte nicht zu fest!) Und jetzt mit dem Kopf nach rechts und links blicken –

ohne die Hand zu bewegen. Na, geht nicht? Genau. Wenn wir uns in etwas verbeißen, können wir nicht mehr das ganze Umfeld sehen, sind also eingeschränkt in unserem Blickfeld. Wenn wir den Mund zum Lachen öffnen, steht uns das ganze Panorama zur Verfügung!

Im Buddhismus wird der Humor als eine ganz wesentliche Eigenschaft betrachtet, die den Menschen vom Tier unterscheidet. Auch wenn Tiere Freude empfinden und vielleicht sogar scherzen können, so haben sie doch keinen wirklichen Sinn für Humor (vgl. Trungpa 1994, S. 40 f., 2007, S. 162 f.). Nicht umsonst spricht man auch von „tierischem" Ernst. Doch diesen gibt es bisweilen auch beim *Homo sapiens*.

3.1 Alles lustig oder was?

Humor ist so ziemlich das genaue Gegenteil von trocken. In der Tat bedeutet das lateinische Wort *humor* „Feuchtigkeit". Nach der antiken Humoralpathologie (oder „Viersäftelehre"), die auf den griechischen Arzt Hippokrates von Kos (ca. 460–370 v. Chr.) zurückgeht, ist die seelische Gestimmtheit eines Menschen nämlich abhängig von der Mischung der vier Körperflüssigkeiten: Blut, Schleim, gelbe Galle und schwarze Galle. Im Mittelalter war man der Auffassung, dass sich je nach Überwiegen eines dieser Säfte mit der Zeit das damit verbundene Temperament besonders herausbilde (vgl. Drosdowski 1989; Ruch 2012).

So ist der Sanguiniker, bei dem das Blut (lat. *sanguis*) dominiert, heiter, beflügelt und aktiv wie Meister Eders Pumuckl. Bei wem der Anteil an Schleim (griech.-lat. *phlégma*) hoch ist, der zeichnet sich als Phlegmatiker aus und erinnert an den schwerfälligen und passiven Kater Garfield. Dem reizbaren Choleriker kocht wiederum schnell die (gelbe) Galle (griech.

cholé) hoch. Und der Melancholiker verdankt sein nachdenkliches bis trauriges Gemüt einem hohen Anteil an schwarzer (griech. *mélas*) Gallenflüssigkeit (griech. *cholé*). Eine ganz ähnliche Sichtweise findet sich übrigens auch in der tibetischen Medizin (vgl. dazu Clifford 1989). Erstrebenswert scheint jedenfalls das rechte Verhältnis der Flüssigkeiten, das zu einer ausgeglichenen Stimmung und guter Laune verhelfen soll. Die Temperamenten- oder Charaktereinteilung des Mittelalters ist heute sicherlich überholt. Doch weiß man aus eigener Erfahrung, dass die Mischung der von außen zugeführten Säfte durchaus die Stimmung beeinflussen kann! Prost!

Humor kann sich nun in ganz unterschiedlichen Verhaltensweisen äußern, wie die Humorforscherin Barbara Wild (2012b, S. 28) ausführt:

> *„Das Verstehen von Witzen gehört dazu, aber auch, zu wissen, wann man wem welchen Witz erzählen kann, genauso wie die Fähigkeit, spielerisch zu sein, Blödsinn und Komik zu mögen, über sich selbst lachen zu können, andere zum Lachen zu bringen, mit witzigen oder komischen Bemerkungen soziale Situationen zu regulieren und auch widrigen Umständen mit einer heiteren Gelassenheit zu begegnen."*

Auch wenn Humor jede dieser Ausdrucksformen haben kann, ist nicht alles, was komisch ist und worüber man lacht, von der gleichen Motivation und inneren Haltung geprägt. Witze können auf Kosten von anderen gehen. Sie können die eigene Überlegenheit zum Ausdruck bringen und abschätzig sein. Oder als Waffe dienen, wenn man angegriffen und verletzt wurde.

Ob Humor ausschließlich gutmütig ist, hängt dabei von dem sprachlichen Bezugssystem ab, in dem man sich bewegt. In der angloamerikanischen Sprachtradition ist Humor ein

Sammelbegriff für alles Komische. Man unterscheidet deshalb „good humor" und „bad humor". Dagegen wird der Begriff in der Ästhetik – einem Teilgebiet der Philosophie – ausschließlich „verstanden als Gabe des Menschen, der Unzulänglichkeit der Welt und der Menschen, den Schwierigkeiten und Missgeschicken des Alltags mit heiterer Gelassenheit zu begegnen" (Ruch 2012, S. 10; vgl. auch Drosdowski 1989, S. 294). Ich persönlich bevorzuge die zweite Variante, also den aus der Philosophie stammenden Begriff, und bin hierbei sicherlich nicht der Einzige (vgl. Wild 2012c).

Im Wortfeld des Komischen gibt es neben Humor noch Begriffe wie Ironie, Sarkasmus und Zynismus. Ironie meint im Wesentlichen, dass man das Gegenteil von dem sagt, was man meint (rhetorische Ironie). Es geht dabei also lediglich um die Form, wie etwas gesagt wird, nicht die Absicht, die dahintersteckt. Diese kann freundlich oder weniger freundlich sein. Mit Sarkasmus ist ein beißender Spott gemeint, der verletzen soll. Oft dient er dem Opfer von Unterdrückung und Gewalt als Waffe zur Verteidigung, um etwa den Macht Ausübenden herabzusetzen und lächerlich zu machen (vgl. hierzu Sachsse 2012). Und Zynismus ist eher eine Haltung, eine Weltanschauung, die auf die philosophische Schule der Kyniker (von griech. *kýon* = Hund) zurückgeht und Normen ins Lächerliche zieht und verwirft (vgl. Drosdowski 1989). Oft geschieht dies aus Frust und Resignation und findet Ausdruck in giftigen, schamlosen und spöttischen Bemerkungen. Damit haben Zynismus und Sarkasmus mit Humor, wie er hier verstanden werden will, herzlich wenig gemeinsam.

Und was ist nun das Wesentliche am Humor? Meines Erachtens steckt es schon im Wort.

> **Humor** ist eine innere Haltung, die folgende
> Qualitäten umfasst:
> - Herzensgüte
> - Ungereimtes bzw. Absurdes erkennen
> - Mut
> - Offenheit
> - Relativieren eigener Ansichten und Bewertungen (emotionale Distanzierung)

Wie oben bereits erwähnt, ist Humor durch und durch gutherzig und kann nicht böswillig sein. Diese Herzensgüte oder liebende Güte wird in der auf Pali überlieferten Lehre des Buddhismus *metta* genannt bzw. auf Sanskrit *maitri*. Gemeint ist ein freundliches, interessiertes Zugewandtsein oder eine nicht festhaltende, umfassende Liebe. Neben Mitgefühl (*karuna*), (Mit)Freude (*mudita*) und Gleichmut *upekkha* (bzw. Sanskrit *upeksha*) wird sie zu den „Vier Grenzenlosen Geisteszuständen" (*brahmavihara*) gezählt (vgl. Nyanatiloka 1989; Thich Nhat Hanh 1995, S. 170–176). Lachen, das auf Schadenfreude basiert, hat also mit Humor ebenso viel zu tun wie hörbar abgehende Darmwinde mit Mozarts Zauberflöte.

Eine humorvolle Haltung verhilft uns ferner dazu, Ungereimtes bzw. Absurdes zu erkennen (vgl. Höfner u. Schachtner 2004, S. 53 f.). Und hierfür ist unser menschliches Dasein eine geradezu unerschöpfliche Quelle (vgl. hierzu Ariely 2008)! Denken Sie nur etwa an Light-Zigaretten: Ob wir wohl an einer gesünderen Form von Lungenkrebs sterben, wenn wir die qualmen? Oder wir fahren mit dem Auto viele Kilometer von A nach B, nehmen dabei auch noch den Stau während der Rushhour in der Innenstadt in Kauf, nur um unser Lieblingsprodukt als „Schnäppchen" ganze zwei Euro billiger zu ergattern. Diese Widersprüche werden durch Humor nicht unbedingt aufgelöst, sondern mit einem freundlichen Schmunzeln oder Lachen angenommen. Oder wie der bekannte Komiker Eckart von Hirschhausen (2012, S. 291) es ausdrückt:

> *„Im Lachen können Widersprüche bestehen bleiben, ohne dass sie aufgelöst zu werden brauchen. Unser Verstand will die Welt sortieren, die ist aber viel zu komplex, um sich in gut/böse, rechts/links, richtig/falsch einteilen zu lassen."*

Interessanterweise nennt von Hirschhausen diese Qualität von Humor in einem Atemzug mit Achtsamkeit, die ja auch auf solche Kategorisierungen und Wertungen verzichtet. Um Ungereimtes zu erkennen, benötigen wir ein solides Wissen um das Vernünftige oder durchschnittlich zu Erwartende. Um die Karikatur eines Gesichtes zeichnen zu können, die seine charakteristischen Züge hervorhebt, müssen wir die 08/15-Proportionen des Durchschnittsgesichtes kennen, von denen es abweicht.

Mut ist als nächste Eigenschaft einer humorvollen Haltung zu nennen. Im Humor sind wir alles andere als passiv und erleidend, sondern gewinnen den Widrigkeiten des Alltags ebenso wie unseren eigenen Unzulänglichkeiten die ihnen innewohnende Komik ab. Damit gestalten wir unsere Erfahrungswelt um. Wir werden vom hilflosen Opfer unseres teils grausamen Lebensschicksals zum handlungsfähigen Akteur (vgl. Sachsse 2012). Darüber hinaus bietet Ironie als humorvolles Stilmittel die Möglichkeit, Problematisches auf eine risikoarme Weise anzusprechen, die das Gegenüber nicht verletzt. Und im Zweifelsfall kann die Aussage auch wieder als „Scherz" zurückgenommen werden (vgl. Rapp u. Mutschler 2012). Damit wagen wir uns im sozialen Miteinander möglicherweise auf ein kommunikatives Terrain, das uns ansonsten vielleicht verschlossen geblieben wäre.

Ein weiterer bedeutsamer Aspekt von Humor ist die Offenheit. Damit ist zum einen die Offenheit in Bezug auf unsere eigenen Schwächen, Fehler und Schrulligkeiten gemeint, die wir gewöhnlich vor anderen verbergen. In einer von Humor geprägten, entspannten Situation können wir uns öffnen und sie preisgeben (vgl. Buchkremer u. Buchkremer 2012). Und zum anderen sind wir erst in der Lage, uns anderen Betrachtungsweisen zu öffnen, wenn wir aufhören, uns in den eigenen Standpunkt zu verbeißen. Sobald wir loslassen, haben wir freie Hände, um Neues zu empfangen. Diese Fähigkeit ist untrennbar mit der nächsten und letzten Qualität von Humor verbunden – dem Relativieren eigener Ansichten und Bewertungen.

Das Relativieren der eigenen Ansichten und Bewertungen ist genau jener Aspekt von Humor, der emotionale Distanz schafft. Erst wenn ich meinen festgefahrenen Standpunkt aufgebe, bin ich fähig, die Sache mit Distanz aus einem anderen Blickwinkel zu sehen. Von diesem sieht so manches Problem oftmals weit weniger tragisch, ja vielleicht sogar komisch aus. Auf diesen humorvollen Perspektivenwechsel zielen die liebevoll geäußerten „Frechheiten" der Provokativen Therapie ab, auf die wir in Abschnitt 3.5 noch zu sprechen kommen (s. S. 70).

Dem aufmerksamen Leser wird sicher nicht entgangen sein, dass fast alle der genannten Aspekte von Humor auch über Achtsamkeit gesagt werden könnten. Das legt den Gedanken nahe, dass Achtsamkeit und Humor lediglich zwei Seiten einer Medaille sind, die untrennbar zusammengehören. Dabei stellt Achtsamkeit eher die empfangende, weibliche und Weisheit generierende Seite dar. Und Humor entspricht dem aktiven, männlichen und gestaltenden Pol. Ohne Achtsamkeit kann Humor bissig, bösartig werden und in den Zynismus abgleiten. Und ohne Humor läuft Achtsamkeit Gefahr, zu einem leistungsbezogenen Konzentrationssport oder „Spirituellen Materialismus" (Trungpa 1994) zu verkommen, mit dem man sich schmückt und brüstet (s. Abschnitt 3.6, S. 79). Erst wenn beide Aspekte zusammenkommen, befruchten sie sich gegenseitig zu einer durch und durch heilsamen Haltung.[5] Achtsamkeit wird wahre Achtsamkeit und Humor echter Humor. Amen!

3.2 Das erheiterte Gehirn

Ich glaube, dass sich unser Gehirn, wenn wir einen Witz hören, ebenso belustigt fühlt wie ein Staubsauger. Aber wir Menschen sind ja ausgewiesene „Augentierchen" und haben das Gefühl, die Dinge erst dann gründlich zu verstehen, wenn wir sie einsichtig gemacht haben und mit eigenen Augen sehen können. In Bezug auf die Gehirnforschung zum Thema Humor heißt das: Man verabreicht Versuchspersonen radioaktiv markierten Zucker und steckt sie anschließend in die Röhre eines sogenannten Positronenemissionstomographen, kurz PET genannt. Nun erzählt man ihnen einen Witz oder zeigt lustige Cartoons. Einen Moment braten, ich meinte warten ... und den Probanden wieder aus dem Rohr nehmen. Sodann schaut man, wo unser Denkorgan angesichts dieser Aufgabe gerade viel Zucker verbrannt hat. Dort war es also aktiv. Ähnlich läuft es mit der funktionellen Magnetresonanztomographie (fMRT), nur kommt die ohne den radioaktiven Zucker aus. Sie ist sozusagen die „Light-Version". Übrigens auch im Hinblick auf die Genauigkeit. Das Ergebnis beider Verfahren

---

5 Wenn Sie auch gerade an den Dalai Lama denken mussten, dann geht es Ihnen wie mir!

sind schöne, bunte und dreidimensionale Bildchen unseres arbeitenden Gehirns.

So manchen Forscher verleitet die moderne Technik allerdings zu der kühnen Annahme, dass „die biologischen Prozesse, die mentalen Vorgängen vermeintlich bloß entsprechen, in der Tat selbst mentale Vorgänge sind – und dass wir sie mit hinreichend detailliertem Verständnis auch als solche erkennen werden" (Damasio 2000, S. 58). Diese Behauptung müsste ja dann auch ein biologischer Prozess sein. Ein physikalisch-chemischer Vorgang erklärt einen anderen physikalisch-chemischen Vorgang. Sagt das Salz zum Zucker: „Du bist echt süß!" Komisch.

Eine Erkenntnis, die man mit bildgebenden Verfahren wie PET und fMRT bald gewonnen hatte, lautet: Es gibt kein isoliertes Humorzentrum. Vielmehr ist ein ganzes Netzwerk von Hirnarealen an der Verarbeitung von humorvollem Material – wie Witze und Cartoons – beteiligt (vgl. dazu Rapp u. Mutschler 2012; Wild 2012b). Dabei setzt das Gehirn vornehmlich diejenigen „Werkzeuge" ein, die es zum Verständnis der jeweiligen Art von Komik braucht. Diese kann direkt sichtbar sein, wie bei einer lustigen Karikatur. Ein erzählter oder gelesener Witz hingegen setzt ein mehr oder weniger hohes Maß an Sprachverständnis und Hintergrundwissen voraus. Ferner kann die Komik entweder im Inhalt und Verlauf einer Witz-Geschichte stecken oder aber im Wortklang, wie beim Kalauer. Und für das Verständnis von Ironie benötigen wir noch eine andere, ganz spezielle Fähigkeit: Wir müssen einen Perspektivenwechsel vornehmen können und eine Idee davon haben, was der andere denkt, fühlt und will. Das nennt man „Theory of Mind" (TOM). Erst dann können wir verstehen, was *eigentlich* gemeint ist – nämlich das Gegenteil vom Gesagten. Das Verständnis für Ironie ist wohl erst zum Ende des Grundschulalters voll entwickelt (Rapp u. Mutschler 2012).

Trotz der Vielzahl unterschiedlicher Befunde, die hauptsächlich aus fMRT-Studien stammen, scheint es eine gemeinsame Schnittmenge zu geben: Es gibt ein paar Gehirnregionen, in denen bei mehreren Untersuchungen eine erhöhte Aktivität nachgewiesen werden konnte (vgl. Wild 2012b). Überraschenderweise befinden sich zwei davon auf der linken Seite der Großhirnrinde. Überraschend ist dies deshalb, weil normalerweise eher die rechte Gehirnhälfte mit Gefühlsangelegenheiten in Verbindung gebracht wird.

Ein Areal befindet sich im Grenzgebiet von Schläfen-, Scheitel- und Hinterhauptslappen der Großhirnrinde (temporo-parieto-okzipital, wie der Medizinmann sagt). Das ist in etwa diejenige Stelle, welche man erwischt, wenn man sich hinten über dem linken Ohr kratzt (und von dort aus ins Schädelinnere bohren würde). Diese Region ermöglicht es uns, eine Ungereimtheit oder Absurdität aufzuspüren. Auch scheint sie neben räumlicher Aufmerksamkeit, Sprachverarbeitung und Gedächtnisfunktionen für die Bildung einer Theory of Mind in irgendeiner Form von Bedeutung zu sein. Sie wird zuerst aktiviert.

Als Nächstes findet sich eine Gehirnregion im Bereich des linken Stirnhirns (frontal) – wenige Zentimeter nach oben, von der Mitte eines gedachten Brillenbügels aus gesehen. Auch dieses Gebiet ist an der Verarbeitung von Symbolen, insbesondere von Sprache, beteiligt und für das Verständnis von Metaphern und Ironie notwendig. Möglicherweise wird hier in einem zweiten Schritt die Absurdität wieder aufgelöst und Widersprüchliches in einen neuen und stimmigen Zusammenhang gebracht.

An dritter Stelle folgt eine Aktivierung an der Vorder-/Mittelseite des Stirnhirns (medial-präfrontal). Dort käme man raus, wenn man *sehr* weit mit dem Finger in der Nase bohren würde. Dieses Gebiet ist unter anderem für Aufmerksamkeitsprozesse zuständig, für das Ironieverständnis wichtig und an der Regulation von Gefühlen beteiligt. Es fasst die Information der beiden vorangegangenen Gebiete zusammen, beurteilt also quasi die Komik der Gesamtsituation und reagiert darauf. Dann geht es heiter weiter mit der Aktivierung der nächsten und zunächst letzten Gehirnregion in dieser Abfolge.

Das vierte und zuletzt angesprochene Gebiet liegt aber nicht auf der Großhirnrinde, sondern weit im Inneren des Schädels: das limbische System. Es ist für die emotionale Verarbeitung und damit für die Entstehung von Gefühlen verantwortlich. Anatomisch besteht es aus mehreren Teilen: den Mandelkernen (Amygdalae), dem Seepferdchen (Hippocampus), einem Kern namens Nucleus accumbens, dem Schlafgemach bzw. der Kammer (Thalamus) und noch einer Kammer darunter, dem Hypothalamus. Erstaunlich, was wir alles im Kopf haben, oder? Wenn wir einen guten Witz hören, ist also ordentlich was los im limbischen System, und wir fühlen uns erheitert. Erzählt uns jemand einen sehr guten Witz – besser als erwartet –, springt das sogenannte mesolimbische dopaminerge Belohnungssystem an, zu dem auch der Nucleus accumbens gehört. Seine Aktivierung wird als lustvoll und belohnend erlebt und spielt bei der Entstehung von Süchten eine große Rolle. Vielleicht können auch Witze süchtig machen – wer weiß? Fragen Sie unbedingt Ihren Arzt oder Apotheker!

Wie Abbildung 3-1 illustriert, scheint der zeitliche Verlauf der Aktivierung also in einer ganz bestimmten Reihenfolge statt zu finden: (1) Zuerst hinten links – Erkennen von Ungereimtheit, dann (2) vorne links – Auflösung, (3) „Zack!", zwischen die Augen – Beurteilung der Lustigkeit und ... (4) mitten rein ins Hirn – Erheiterung!

Die erwähnte Stelle an der Vorder-/Mittelseite des Stirnhirns, der mittlere (mediale) Präfrontalkortex, hat übrigens noch mehr zu bieten. Er hat die Fähigkeit, Angst zu dämpfen,

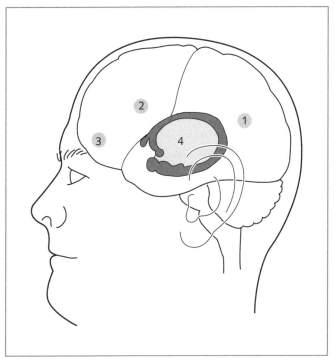

Abb. 3-1 Zeitliche Abfolge der Gehirnaktivität bei der Verarbeitung von Witzen

die im limbischen System durch die Erregung der Mandelkerne zustande kommt. Dieser mittlere Vorderstirnbereich scheint besonders aktiv zu sein, wenn das Gehirn im Leerlauf arbeitet und nicht anderweitig beschäftigt ist – also zum Beispiel bei der Meditation. Und diese Aktivierung geht mit angenehmen Gefühlen einher. Nicht umsonst spricht man von „heiterer Gelassenheit".

Besonders interessant sind auch die Forschungsergebnisse der interpersonellen Neurobiologie. Das ist ein Wissenschaftszweig, der sich mit dem Gehirn, dem Geist und sozialen Beziehungen beschäftigt – ohne einen Bereich auf die anderen zu reduzieren. Forscher dieser Richtung haben vor allem durch den Vergleich von gesunden und hirngeschädigten Menschen wichtige Erkenntnisse über die Zusammenhänge von Gehirn, Geist und zwischenmenschlichen Beziehungen gewonnen.

Wenn sich Eltern zum Beispiel im Spiel liebevoll auf ihr Kind einstimmen – seine Gefühle und Absichten verstehen –, gehen sie dabei regelrecht in „Resonanz" mit ihm (vgl. dazu Siegel 2007). Wie die Saiten zweier Instrumente, die miteinander schwingen. Dazu benutzen sie ganz bestimmte „soziale Schaltkreise" im Gehirn. Es gibt sogar einzelne Nervenzellen (Neurone), die beim Beobachten der Handlungen eines anderen Menschen das gleiche Erregungsmuster zeigen, als würde der Beobachter das Gleiche tun oder fühlen wie die tatsächlich handelnde Person: die sogenannten Spiegelneurone. Sie stellen quasi die körperliche Grundlage von Empathie und Imitation dar. Zudem sind sie an einfachen Wahrnehmungsprozessen beteiligt. So können etwa die Laute „ba", „ga" und „da" – wenn man sie in zufälliger Reihenfolge präsentiert – nicht allein durch unser Gehör unterschieden werden. Vielmehr simulieren unsere Spiegelneurone beim Hören dieser Silben in der motorischen Hirnrinde eine ähnliche Aktivität, als wenn wir sie selbst sprechen würden. Diese erlaubt uns dann deren Unterscheidung (D'Ausilio et al. 2009; Meister et al. 2007; Möttönen et al. 2012).

Vor allem aber spielt der oben erwähnte vordere/mittlere Stirnbereich eine ganz zentrale Rolle beim Einstimmen der Eltern auf das Kind. Er fasst sozusagen alle verschiedenen Informationen zusammen und bringt sie unter einen Hut. Wenn dieser lädiert ist, ist eine Resonanz mit dem Kind nicht mehr möglich – worunter es natürlich leidet. Das positive Bindungsverhalten der Eltern hingegen ermöglicht dem Kind, einen hohen Grad an emotionaler Stabilität und eine ausgeprägte Fähigkeit zur Selbstregulation zu entwickeln. Es blüht regelrecht auf und hat eine „sichere Bindung" zu den Eltern. Dadurch werden auch im Gehirn des Kindes die entsprechenden Nervenfasern des medialen Präfrontalkortex angeregt, was ihr Wachstum und ihre Ausdifferenzierung fördert.

Nun werden bei der Übung von Achtsamkeitsmeditation genau diese sozialen oder „Resonanzschaltkreise" im Gehirn aktiviert – darunter der mittlere Präfrontalkortex und das Spiegelneuronensystem. Das freundliche und nicht wertende Gewahrsein, das wir uns selbst in der Meditation schenken und mit dem wir uns „auf uns selbst einstimmen", gleicht also der liebevollen Zuwendung von Eltern. Und so regt es ebenso das Wachstum und die Ausdifferenzierung der entsprechenden Gehirnstrukturen an. Eine aktuelle Studie von Britta Hölzel und Kollegen hat ferner herausgefunden, dass Achtsamkeitsmeditation noch andere Gehirnregionen zum Wachstum anregt: Bereits nach einem 8-wöchigen MBSR-Training (s. Abschnitt 2.1, S. 6) kam es zu einer Verdichtung der grauen Zellen im Hippocampus (Hölzel et al. 2011). Dies ist ein für das Gedächtnis wichtiger Teil des limbischen Systems, der auf Stress sehr empfindlich reagiert und zum Beispiel bei schwerer psychischer Traumatisierung schrumpft (Weniger et al. 2008). Durch Meditation entsteht schließlich ein Wechselspiel aus gesundem Geist, gesund funktionierendem Gehirn und gesunden Beziehungen – eine regelrechte „Triade des Wohlbefindens" (Siegel 2007).

Zwei Mütter unterhalten sich über ihre erwachsenen Söhne. Sagt die eine: „Mein Sohn hat jetzt angefangen zu meditieren. Ich weiß zwar nicht, was das ist, aber besser, als wenn er immer nur rumsitzt und nichts tut!"

3.3 Wie im Spiel

Kinder erobern die ganze Welt im Spiel. Später lernen wir nie mehr auch nur ansatzweise mit der gleichen Geschwindigkeit und Freude. Dennoch können wir unsere Aufnahmebereitschaft als Erwachsene deutlich erhöhen, wenn wir unseren Humor kultivieren (vgl. Buchkremer u. Buchkremer 2012). Humor hat nämlich sehr viel mit dem Spiel und dem Spielerisch-Sein gemeinsam. Der Psychologe und Humorexperte Paul E. McGhee (2012) geht sogar davon aus, „dass Humor seine Wurzeln im Spiel hat und selbst eine Art Spiel ist" (S. 201).

Insbesondere durch die im vorigen Abschnitt erwähnte Fähigkeit, Angst zu dämpfen, macht uns eine humorvolle Gesinnung ungeheuer lernfähig (Buchkremer u. Buchkremer 2012; Hain 2012; Höfner 2012; McGhee 2012; Wild 2012a). Wir kommen in einen Zustand mittlerer und damit optimaler Aktivierung, der nicht nur sehr angenehm ist, sondern auch das Einprägen und Abrufen von Informationen erhöht, kurz: unsere gedankliche Leistungsfähigkeit. Und wenn wir zu lethargisch sind, verleiht uns eine heitere Gesinnung am anderen Ende des Spektrums die nötige Spannung – damit die Sache eben spannend und interessant bleibt.

In der Allgemeinen Psychologie gibt es ein Gesetz, das den Zusammenhang von Lernleistung und Anspannung beschreibt: das Yerkes-Dodson-Gesetz (Yerkes u. Dodson 1908). Robert M. Yerkes und John D. Dodson ließen in ihren Experimenten Tanzmäuse in einer Art Labyrinth laufen, in denen sich weiße und schwarze Kammern befanden. Dabei sollten die armen Mäuschen lernen, dass man die schwarzen Boxen – egal, wo diese räumlich lagen – besser meidet, wenn man keinen elektrischen Schlag bekommen möchte. Dieser wurde von einem Metallgitter am Boden der schwarzen Kammer verabreicht. Und nun wollten die beiden herausfinden, bei welcher Stromstärke die kleinen Nager das am schnellsten begriffen. Ergebnis: bei einer mittleren Stärke. Daraus folgerten sie, dass die Lernleistung bei mittlerem Aktivierungsgrad am höchsten ist. Wenn uns eine Aufgabe zu sehr stresst und auf den Nägeln bzw. Krallen brennt, ist die Lerngeschwindigkeit geringer. Ebenso, wenn uns die Sache kaum kratzt oder elektrisiert. Daraus ergibt sich ein umgekehrt u-förmiger Zusammenhang zwischen gedanklicher (kognitiver) Leistung und Anspannung, den Abbildung 3-2 zeigt.

Dieser Zusammenhang ist für die Psychotherapie natürlich ganz besonders interessant, da wir – insbesondere in Krisen – oft viel zu angespannt sind, um etwas dazuzulernen und uns zu entwickeln. Dazu müssen wir oft erst etwas „runterkommen", wofür es kaum ein besseres Mittel als den Humor

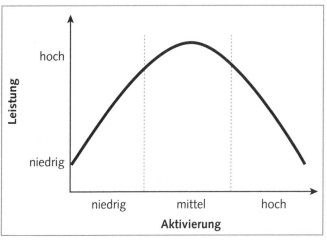

Abb. 3-2 Zusammenhang zwischen Aktivierung und Leistung: das Yerkes-Dodson-Gesetz

gibt. Eine humorvolle Atmosphäre schafft das ideale Klima, um sich zu öffnen und aufnahmebereit zu sein – zwei wesentliche Voraussetzungen für einen guten Therapieerfolg (Buchkremer u. Buchkremer 2012). Gerade im Rahmen eines gruppentherapeutischen Behandlungsrahmens ist diese Wirkung von Humor sehr wertvoll (vgl. Shaked 2012). In der Regel stellt es nämlich eine echte Herausforderung dar, eigene Schwächen und wunde Punkte vor einer Gruppe preiszugeben. Gemeinsames Lachen schafft eine geradezu magische Verbindung zu anderen Menschen, von denen man dann auch bereitwillig ehrliche Rückmeldung und Kritik annehmen kann.

Humor befähigt uns nicht nur, Informationen besser aufzunehmen und abzurufen, sondern macht auch ein gefühlsmäßiges Umlernen möglich (Hain 2012; Höfner 2012). Katastrophenszenarien, die mit Angst oder Scham verbunden sind, können in einen ganz anderen gedanklichen Bezugsrahmen gestellt werden. Dadurch erscheinen sie weit weniger bedrohlich – möglicherweise sogar komisch. Man bezeichnet das als „Reframing" (von engl. „frame" = Rahmen). Eine minimale Veränderung kann dabei unsere ganze gedankliche Ordnung zum Kippen bringen, weil in unserem geistigen Informationsnetzwerk eben alles miteinander verbunden ist. So wirkt der harte Actionheld in der Fernsehprogramm-Zeitschrift weit weniger glaubhaft, wenn wir sein Bild durch kleine Hasenzähne oder Spock-Ohren ergänzen. Und die Werbeschönheit mit laszivem Blick büßt durch einen kleinen Oberlippenbart unmittelbar ihre erotische Wirkung ein (es sei denn, man steht auf Oberlippenbärte).

Ähnlich können wir über unsere Schreckgespenster schmunzeln, wenn uns die ihnen innewohnende Komik in einem neuen Bezugsrahmen aufgeht. Der unsichere Büroangestellte zum Beispiel verliert seinen übertriebenen Respekt vor dem cholerischen Chef möglicherweise, wenn er die Ähnlichkeit mit einem bissigen Comic-Pit-Bull-Terrier sieht. Und eine Frau mit unrealistischen Gewichtsängsten könnte über ihre Theorie der „wunderbaren Vermehrung der Masse" schmunzeln, wenn sie befürchtet, von einem 100-g-Stück Kuchen mindestens drei Kilo zuzunehmen. Damit wäre das Welthungerproblem schnell gelöst: Wir müssten Rinder und Schweine in den Mastbetrieben nur noch mit kleinen Kuchenstückchen füttern und ... „Peng!", explodiert der Fleischmarkt! Apropos Figurprobleme:

Was hat ein Model, das in der Umkleidekabine mit dem nächsten Kleid kämpft? Eine Stoff-Wechselstörung.

Aufgrund der unmittelbar spürbaren, befreienden Wirkung des Lachens und Lächelns ist es nicht verwunderlich, dass sich auch die medizinisch-psychotherapeutische Forschung zunehmend für das Thema Humor interessiert (vgl. dazu Wild 2012c).

3.4   Lachen ist die beste Medizin!

Die Medizin beschäftigt sich in erster Linie mit den Ursachen, dem Erkennen und der wirksamen Behandlung von Krankheiten. In der sogenannten Positiven Psychologie geht es dagegen um die Bedingungen für Glück, Lebenszufriedenheit, körperliches und seelisches Wohlbefinden und um die Widerstandsfähigkeit gegenüber Widrigkeiten – Resilienz. Also um Dinge, die den Menschen allgemein stärken und das Leben lebenswerter machen.

Zentral für die Widerstandsfähigkeit eines Menschen scheint dabei das Verhältnis von positiven zu negativen Gefühlszuständen zu sein, die jemand erfährt (McGhee 2012). „Positiv" und „negativ" beziehen sich dabei ausschließlich auf die grundlegende Gefühlsqualität angenehm/unangenehm und nicht darauf, dass positive Emotionen in jedem Fall „besser" sind als negative Emotionen! Wie die Forschung zeigt, erfahren besonders widerstandsfähige (resiliente) Menschen jedoch mindestens dreimal so viele positive Gefühlszustände wie negative! Und in einer glücklichen Partnerschaft stehen die schönen Momente zu den leidhaften sogar in einem Verhältnis von 5 zu 1. Bei Partnern, die sich trennen, 1 zu 1 (Gottman 1994). Je höher der Anteil heilsamer Gefühlszustände ist, desto größer ist quasi unser „Polster" angesichts unangenehmer Erfahrungen.

Nun ist Humor ja bekanntermaßen dafür geeignet, positive Gefühlszustände hervorbringen. Damit ist er ein wirksames Mittel zur Stärkung der emotionalen Widerstandsfähigkeit. Ferner kann Humor in misslichen Lagen auch als effektive Bewältigungsstrategie (Coping-Strategie) dienen. Beides Gründe, die dafür sprechen, eine humorvolle innere Haltung zu kultivieren. McGhee hat dafür sogar ein spezielles Humor-Trainingsprogramm entworfen – das 7-Humor-Habits-Trainingsprogramm (7HHP) –, dessen Wirksamkeit mehrfach belegt werden konnte (Falkenberg 2012; vgl. auch McGhee 2012).

Insbesondere bei Menschen, die an einer Depression erkrankt sind, zeigt sich eine deutlich verminderte Fähigkeit, Freude und Heiterkeit zu empfinden. An ihre Stelle treten extreme Antriebslosigkeit und tiefe Traurigkeit, bisweilen auch ein „Gefühl der Gefühllosigkeit" sowie innere Leere. Therapeutisch besonders interessant ist demnach die Frage, ob sich nicht auch bei dieser Erkrankung zumindest eine Spur von Humor und Frohsinn herauskitzeln lässt.

Irina Falkenberg führte dazu eine Studie an der Psychiatrischen Universitätsklinik der Eberhard Karls Universität Tübingen durch (Falkenberg 2012). Dabei durchlief eine Gruppe von depressiven Patienten das eben erwähnte 7HHP-Humortraining. Als Ergebnis zeigten sich in verschiedenen Fragebogenskalen eine kurz- und langfristige Verbesserung der Heiterkeit, eine bedeutsame Abnahme kurz- und langfristiger Ernsthaftigkeit sowie eine Zunahme des Einsatzes von Humor als Bewältigungsstrategie. Und im Stundenverlauf der einzelnen Trainingssitzungen verbesserte sich auch jeweils die aktuelle Stimmungslage. Zwar blieb eine Langzeitverbesserung der depressiven Stimmungslage aus, doch mag das an der relativ kleinen Stichprobe in der Studie liegen.[6] Und eine noch unveröffentlichte Untersuchung kam zu dem Ergebnis, dass der Humor bei wiederkehrender depressiver Erkrankung nur im Krankheitsintervall beeinträchtigt war, sich mit dem Abklingen der Symptome jedoch wieder normalisierte (Wild 2012a).

In Abschnitt 3.2 über das Gehirn wurde bereits erwähnt, dass Humor genauso wie Achtsamkeit die Aktivität unseres Angstsystems in den Mandelkernen reduzieren kann. Das entspricht ja auch unserer Alltagserfahrung: Wenn wir erheitert sind und lachen, fürchten wir uns nicht, und wenn wir uns fürchten, vergeht uns in der Regel das Lachen. So gibt es einige Untersuchungen, die zeigen, dass Humor Ängste, etwa vor einer Prüfung oder Operation, zumindest kurzfristig reduzieren und dadurch die Leistungsfähigkeit verbessern kann (Wild 2012a) – ein Zusammenhang, der den Einsatz von Klinikclowns in Kinderkliniken und Pflegeheimen sehr sinnvoll erscheinen lässt (vgl. Ruckgaber 2012).

---

6 Für Nicht-Statistiker: Je kleiner die Teilnehmerzahl in einer Untersuchung ist, desto größer müssen die Effekte sein, um als statistisch bedeutsam zu gelten.

Aber nicht nur die Reduktion von Angst ist in diesem Zusammenhang von Bedeutung. Humor und Lachen – etwa über einen witzigen Filmausschnitt oder einen Clown – machen auch unempfindlicher gegenüber Schmerz (Wild 2012a). Experimentell lässt sich das testen, indem man zum Beispiel Versuchspersonen ihre Hände in Eiswasser tauchen lässt, sie belustigt und dann erfasst, ob und wie schmerzhaft sie das finden. Vielleicht ist das der Grund, warum Zahnärzte während der Behandlung so gerne Witze machen – nur aus Nächstenliebe!

Auch bei klinisch bedeutsamen Ängsten kann ein humorvoller Perspektivenwechsel Ängste reduzieren (Hain 2012; Höfner 2012; Wild 2012a), so zum Beispiel bei Menschen mit einer Spinnenphobie. In einer Studie von Ventis und Kollegen sollten sich die Probanden unter anderem in eine Tarantel hineinversetzen – was sie etwa denkt, wenn ihre Beine plötzlich von „diesen Witzbolden" (den Spinnenphobikern) begrapscht werden. Oder wenn sie einem beim Campingausflug in die Hose krabbelt und man sich fragt, ob sie wohl auch Hosen an hat. Diese Art der Angstkonfrontation zeigte sich als ebenso wirksam wie eine klassische Desensibilisierung[7] (Ventis et al. 2001).

Selbst Menschen, die in ihrem Leben ganz schreckliche und traumatisierende Erfahrungen von körperlicher und sexueller Gewalt machen mussten, verstehen durchaus noch Spaß. Oft dient ihnen der Galgenhumor (Sarkasmus) sogar als wirksames Mittel, um Hilflosigkeit zu überwinden und die eigene Wehrhaftigkeit zurückzugewinnen (vgl. Sachsse 2012).

---

7 Das ist ein Verfahren, bei dem man sich schrittweise immer heftigeren Angstsituationen aussetzt und zwischendurch immer wieder versucht, zu entspannen.

Lachen und Spott kann dabei zur Waffe werden, mit der ein Peiniger ins Lächerliche gezogen und somit entmachtet wird. Das hat zwar nichts mit Humor im ausgeführten Sinn zu tun, doch kann diese Form von Aggression trotzdem sehr gesund und für die Genesung wichtig sein. Darüber hinaus ist für Menschen mit sogenannten Traumafolgestörungen wie Borderline-Störung und Posttraumatischer Belastungsstörung (PTBS) Humor manchmal auch ein eleganter Weg, Nähe und Distanz in Beziehungen zu regulieren und schambesetzte Themen anzusprechen. Man kann Kontakte etwa mit Witzeleien bewusst oberflächlich halten oder dem anderen durch die Blume sagen, dass man ihn mag. Oder sich mit einem Augenzwinkern „schamlos" und übertrieben abgrenzen, wo es einem im Ernst vielleicht nie möglich wäre. Ein „Ich muss dich jetzt leider gleich rausschmeißen" geht einem manchmal leichter über die Lippen als das ernste „Würdest du mich jetzt bitte alleine lassen – ich brauche etwas Zeit für mich".

Insbesondere das Verständnis für Ironie kann auch für das Erkennen bzw. Unterscheiden von klinischen Zuständen und Diagnosen hilfreich sein – etwa von Dissoziation und Psychose. Zustände überwältigender innerer Anspannung können oftmals mit Dissoziation einhergehen. Das ist ein inneres „Wegtreten", bei dem die Realität teilweise komplett ausgeblendet wird. Oftmals tritt es in Folge schwerster Übergriffe wie sexuellem Missbrauch in der Kindheit auf. Was zunächst als eine Art Schutzmechanismus der Seele diente, wird dann zunehmend unkontrollierbar für die Betroffenen. Der Verlust der Realität kann aber auch auf eine Psychose hindeuten, zum Beispiel auf eine Schizophrenie. Das ist eine schwere Erkrankung, bei der die grundlegenden Funktionen des Denkens, der Wahrnehmung und des Ich-Erlebens gestört sind. Bei Psychosen kann es zu Halluzinationen und Wahnvorstellungen kommen, und die Betroffenen sind in ihrem Denken und Reden sehr sprunghaft und chaotisch. Dabei gibt es ein gutes Unterscheidungskriterium: Menschen mit einer akuten Schizophrenie haben kein Verständnis für Ironie (Rapp u. Mutschler 2012; Sachsse 2012; Wild 2012c) – Personen, die etwa im Rahmen einer Borderline-Störung oder PTBS dissoziative Zustände erfahren, schon (Sachsse 2012).

Auch Menschen, die an Autismus leiden, haben wenig Sinn für Ironie (Rapp u. Mutschler 2012; Sachsse 2012; Wild 2012a). Das ist eigentlich auch nicht überraschend, da sich Autismus als tiefgreifende Entwicklungsstörung vor allem durch Verständnisschwierigkeiten für zwischenmenschliche Signale auszeichnet. Und genau diese Signale – wie ein Zwinkern in den Augen – lassen uns verstehen, was der andere eigentlich meint. Oder anders ausgedrückt: Ohne soziale Hinweisreize können wir keine Theory of Mind bilden.

Mit diesen wenigen Ausnahmen, bei denen Ironie in der (therapeutischen) Kommunikation tatsächlich unangebracht scheint, kann ein ironisch-humorvoller Gesprächsstil besonders wirkungsvoll sein. Das beweist die Provokative Therapie.

3.5 Was sich liebt, das neckt sich: Die Provokative Therapie

Denken Sie für einen Moment daran, wie Sie mit einem wirklich guten Freund oder einer Freundin reden, die sich gerade in irgendeiner irrigen Idee verstrickt hat – zum Beispiel dick, unattraktiv und dumm zu sein. Vielleicht sagen Sie mit einem Augenzwinkern: „Oh ja, du erinnerst mich tatsächlich immer mehr an Quasimodo. Darum geh ich ja auch nur noch abends mit dir aus – damit uns keiner zusammen sehen kann!" „Zack!", bekommen Sie eins drübergebraten, und der andere weiß genau, was Sie sagen wollten. Und nun lassen Sie das Bild eines über alle Maßen einfühlsamen Therapeuten vor Ihrem geistigen Auge entstehen, der sich sanft am Bart krault und dann gütig brummt: „Hm, ist das wirklich die Art und Weise, wie Sie sich sehen? Was lässt Sie so denken? Möchten Sie mehr darüber erzählen?" ... Kleiner Unterschied, oder?

Manchmal ist die neckend-humorvolle Art und Weise, etwas zu sagen, die effektivere. Das dachte sich zumindest der klinische Sozialarbeiter Frank Farrelly, der sich in den 70er Jahren im Mendota Mental Health Hospital in Madison (Wisconsin) mit Leidenschaft und tiefer Menschenliebe den als hoffnungslos eingeschätzten Patienten widmete. Gerade bei den längst aufgegebenen und völlig hospitalisierten „Langzeitgästen" der Psychiatrie wollte er einen Durchbruch erzielen. Daraus entstand die Provokative Therapie (Farrelly u. Brandsma 1986). Noni Höfner und Hans-Ulrich Schachtner haben Farrellys Annahmen und Vorgehensweisen systematisiert, weiterentwickelt und daraus den Provokativen Stil (ProSt) entwickelt, der vor allem in Therapie und Beratung Anwendung findet (Höfner u. Schachtner 2004; Höfner 2012).

Farrelly war vor allem unzufrieden mit der gängigen Lehrmeinung, dass ein Patient aufgrund seiner Krankheit zerbrechlich wie ein rohes Ei sei und deshalb keine Verantwortung für sein Handeln tragen könne. Und dass ihm eine allzu direkte Konfrontation mit den spontanen Gedanken und Gefühlen des Therapeuten nicht zuzumuten sei. Er hingegen glaubte ganz fest an das Veränderungspotential auch schwerstgestörter Menschen. Auch sie können sich wandeln. Dazu bedarf es allerdings manchmal der direkten und humorvollen Konfrontation mit ihren eigenen, meist irrationalen Sichtweisen und mit ihrer Wirkung auf andere Menschen – stellvertretend auf den Therapeuten. Dazu ein Auszug aus dem 91. Gespräch Farrellys mit „Bill", einem Langzeitpatienten aus dem Mendota Landeskrankenhaus (Farrelly u. Brandsma 1986, S. 35):

„Ja, ich kann jetzt sehen, wie wir die zweiten 91 Gespräche fortsetzen. Sie werden wahrscheinlich mehr und mehr ‚regredieren', wie Sie sagen, bis ich Sie wie ein kleines Baby füttere." Dann fügte ich mit süßem Ton hinzu: „Komm Billy, nimm dein Süppchen." Er lief knallrot an und barst beinahe vor Lachen. Ich fuhr fort: „Dann werden Sie wahrscheinlich die Kontrolle über Ihre großen und kleinen Geschäfte verlieren." Jetzt wurde er feuerrot und explodierte fast vor Lachen. „Ich muss Ihre Windeln wechseln, die wir mit Betttüchern machen müssen, weil Sie so einen fetten Popo haben. Bis wir endlich die nächsten 91 Gespräche absolviert haben, werden Sie Medizingeschichte gemacht haben."

Ohne diese Anregung von außen erliegen wir oftmals den versteckten Vorteilen oder Funktionen, die so ziemlich jedes ungesunde Verhaltensmuster mit sich bringt. Jeder psychische Käfig, in dem wir uns verfangen, hat nämlich durchaus angenehme Nebenwirkungen – etwa bei einer Safari in Afrika. Oder bei einer Zigarette, die nicht nur in die Nikotinabhängigkeit führt, sondern auch ein Mittel zur Kontaktaufnahme werden kann, auf das sich nur schwer verzichten lässt, wenn man keine Verhaltensalternativen hat. Sehr schön kommt der Gedanke der Funktionalität in dem Gedicht „Die Selbstkritik hat viel für sich" von Wilhelm Busch (1832–1908) zum Ausdruck:

„Die Selbstkritik hat viel für sich.
Gesetzt den Fall, ich tadle mich,
So hab' ich erstens den Gewinn,
Daß ich so hübsch bescheiden bin;
Zum zweiten denken sich die Leut,
Der Mann ist lauter Redlichkeit;
Auch schnapp' ich drittens diesen Bissen

Vorweg den andern Kritiküssen;
Und viertens hoff' ich außerdem
Auf Widerspruch, der mir genehm.
So kommt es denn zuletzt heraus,
Daß ich ein ganz famoses Haus."
(zit. nach Bohne 1960, S. 496)

Selbst ein derart destruktives Verhaltensmuster wie die Selbst-
abwertung bringt etwas Positives mit sich. Meist sind uns diese
Funktionen oder Vorteile gar nicht bewusst und deshalb auch
alles andere als beabsichtigt. Doch wollen wir das unheilsame
Verhalten aufgeben, merken wir schnell, wie abhängig wir von
diesen Nebenwirkungen bereits geworden sind.

Versucht uns ein anderer Mensch – etwa ein Therapeut –
aus der Patsche zu helfen, löst das einen natürlichen Widerstand aus. Wir alle wollen nämlich selbst entscheiden und
nicht von jemand anderem irgendwohin gezogen werden. Außerdem ist uns das bekannte Leid manchmal lieber als die Ungewissheit eines neuen Weges. Und teilweise sind wir ja auch
etwas zu bequem, um uns zu bewegen. All das sind Wachstumsbremsen (vgl. Höfner u. Schachtner 2004, S. 147 f.). Er-
greift der Therapeut hingegen als *Advocatus Diaboli* („Anwalt
des Teufels") Partei für unsere kranke Seite – für das Symptom –, *müssen* wir uns geradezu für das Heilsame stark machen. Das ist so, als ob Patient und Therapeut auf einem Floß
stünden und sich der Patient unwillkürlich in die entgegen-
gesetzte Richtung als der Therapeut bewegt, um das Ganze
im Gleichgewicht zu halten. Kommt der Therapeut zu uns
herüber, hört auf zu „ziehen" und begeistert sich vielmehr für
das Symptom, müssen wir schnell die Seite wechseln – oder
wir saufen ab (ebd., S. 115). Hierzu ein kleines Beispiel von
Höfner und Schachtner (2004, S. 162):

Kl: „Normalerweise, wenn ich Depressionen bekomme und wenn ich mich sehr schwach fühle und keinen Sinn sehe, ziehe ich mich zurück, daß die anderen das nicht sehen sollen. Ich möchte das verstecken."

Th: „Nun, das ist sehr rücksichtsvoll! (Zitiert:) ‚Was ist los?' – ‚Oh, nichts!' – ‚Ach komm, kannst du es mir nicht erzählen?' – ‚Nein, ich möchte dich heute nicht mit meinem Schmerz beladen!' Das ist irgendwie klug, weil ich kürzlich einen Mann traf, der sagte: ‚Erzähl niemals jemand deine Probleme, weil, 40 Prozent wollen sie nicht hören, und die anderen 60 Prozent sind froh, daß du sie hast!' Wenn Sie sich also zurückziehen und denken: ‚Ich werde mit niemandem sprechen, weil sie es sowieso nicht wissen wollen', so ist das sehr intelligent. Und sehr rücksichtsvoll, den anderen gegenüber. (...)"

Kl: „Ich weiß, daß ich das jetzt ändern muß und mich nicht zurückziehen darf."

Im ProSt bedient sich der Berater oder Therapeut meist einer ironischen Ausdrucksweise und sendet damit ununterbrochen Doppelbotschaften. Auf der nonverbalen Ebene vermittelt er tiefe Wertschätzung und echte Sympathie für das Gegenüber. Und verbal lässt er alle erdenklichen Unverschämtheiten vom Stapel, die vor allem einem Zweck dienen: dem Liebevollen Karikieren der Wachstumsbremsen des Hilfesuchenden (Feigheit, Faulheit und Eitelkeit bzw. Fixierung), kurz LKW (vgl. Höfner u. Schachtner 2004; Höfner 2012). Auf dass dieser angeregt wird, seinen aktuellen, leidhaften Zustand zu verändern. Dabei lässt der Provokative Therapeut jedoch völlig offen, in welche Richtung die Reise geht. Diese Entscheidung kann und darf nur der Patient treffen. Deshalb kann diese Art der Einflussnahme auch nicht als Manipulation bezeichnet werden. Der Therapeut bleibt leidenschaftslos in Bezug auf die Zielsetzungen des Klienten (Höfner u. Schachtner 2004; Höfner 2012).

Der entscheidende Punkt an der Provokativen Therapie bzw. am ProSt ist: Für diese Form der Kommunikation ist es unzureichend, eine professionelle Sympathie vorzuheucheln, da unsere nonverbalen Signale stets die Wahrheit offenbaren. Wenn wir den Menschen vor uns nicht *wirklich* mögen, sollten wir lieber die Finger vom ProSt lassen. Finden wir den anderen auch nur ansatzweise unsympathisch, werden ironische Bemerkungen alles andere als humorvoll sein und unser Gegenüber mit Sicherheit verletzen. Wir müssen also eine echte Menschenliebe und Herzensgüte für den anderen empfinden.

Ist sich der Provokative Therapeut seiner Zuneigung in Bezug auf den Gesprächspartner sicher, muss er allerdings nicht erst bis zur 17. Sitzung warten (oder – wie Farrelly – bis zur 91.), bis er eine ironische Bemerkung machen darf. Die therapeutische Beziehung müsse erst wachsen, heißt es oft. Jedoch wird der gute Draht (Höfner u. Schachtner 2004) vom ersten Kontakt an dadurch hergestellt, dass der Therapeut den Ratsuchenden im Gespräch mit wachen Antennen wahrnimmt und Aussagen trifft, anstatt viele Fragen zu stellen. Dadurch beweist er zum einen seine Menschenkenntnis und gewinnt das Vertrauen des Patienten. Zum anderen erhält er dadurch viel zuverlässigere Informationen, die nicht erst durch den Filter sozialer Erwünschtheit geschickt werden. Entweder bestätigt der Patient die Aussage oder er widerspricht und korrigiert sie schneller, als er denken kann.

Fühlt sich der Hilfesuchende emotional angenommen und hat Vertrauen in die Kompetenz des Therapeuten, kann er mit diesem gemeinsam über seine eigene Weltsicht schmunzeln, die der ProSt-Anwender liebevoll karikiert. Dazu erneut ein Beispiel von Höfner und Schachtner (2004, S. 66):

Kl: „Manchmal, nach einem harten Arbeitstag, fragt mich mein Chef: ‚Begleiten Sie mich noch in ein Gasthaus?' Und ich weiß, wenn ich ja sage, redet er stundenlang, und am Ende will er nur eins!"

Th (sachlich): „Nun, drei Sachen will er: zwei Titten und eine Vagina, aber wenn Sie lieber sagen wollen ‚eins', o.k., zählen wir alle drei als eins."

Kl: „Wenn ich dann nein sage, habe ich am nächsten Tag einen ganz riesigen Haufen Arbeit auf meinem Schreibtisch."

Th: „Ja, ja, ja! Es wäre genauso, wenn Sie mit ihm verheiratet wären. ‚Wenn du mir nicht gibst, was ich will, werde ich dich morgen bestrafen.'"

Kl: „Das stimmt!"

Th: „So sind die Männer – in Ihren Augen. Wenn sie keine Pussy bekommen, sind sie sauer. Mehr Arbeit, schlechte Laune, lauter solche Sachen ... Es ist immer die Frau, die zahlt immer am Ende."

Durch den Einsatz von Ironie werden beim Patienten Suchprozesse angestoßen. Ständig muss er überlegen, was der Therapeut eigentlich sagen möchte. Dazu ist ein andauernder Perspektivenwechsel erforderlich. Die eigentliche Aussage entfaltet somit eine nahezu hypnotische Wirkung (vgl. Hain 2012; Höfner 2012). Durch das Lachen ist außerdem die emotionale Beteiligung am Gespräch sichergestellt. Und die ist Voraussetzung dafür, dass der Inhalt des Gesprächs tiefer geht als ein Kratzen an der Großhirnrinde. Was ins Herz gelangt, ist abrufbar und wird verhaltenswirksam.

Nicht zuletzt verhindert der provokative Kommunikationsstil auch von vornherein jede Abhängigkeit. Provokative Therapie ist Therapie auf gleicher Augenhöhe! Wartet der Patient auf salbungsvolle Erlösungsworte vom allwissenden und übermächtigen Experten, erhält er nur idiotische Ratschläge (vgl. Höfner u. Schachtner 2004; Höfner 2012). Diese werfen ihn auf seine Eigenverantwortung zurück und lassen ihn spüren: „Ich weiß nicht, was gut für dich ist. Aber ich vertraue darauf, dass du es selbst herausfinden wirst!" Wie könnte man den anderen besser stärken?

Ich werde im Folgenden noch auf einige Formen menschlicher Verbissenheit näher eingehen – Bereiche und Situationen, die durch Humorlosigkeit geprägt sind. Und aufzeigen, welche Alternativen eine humorvolle Haltung bietet.

3.6 Spielarten des Narzissmus: Der arrogante Sack und die tote Katze

Der Sage nach war Narziss, Sohn des Flussgottes Kephissos und der Wassernymphe Leiriope, ein sehr attraktiver, von Knaben wie Mädchen gleichermaßen umworbener Jüngling – so in etwa der Justin Bieber der griechischen Mythologie. Es wird erzählt, dass er sich in sein eigenes Spiegelbild auf dem Wasser einer Quelle oder eines Sees verliebte und – einer Version zufolge – ertrank, als er sich mit diesem vereinen wollte. Wahrscheinlich war er sehr kurzsichtig. Einer anderen Version zufolge starb er vor Schreck, als ein Blatt Wellen auf dem Wasser erzeugte und er dachte, hässlich zu sein. Vermutlich war er also auch nicht gerade der Klügste. Nach seinem Tode, als er sich gerade die Radieschen von unten ansah, sei er in eine Narzisse verwandelt worden.

Wir sahen bereits, dass der Mensch gerne ein Idealbild von sich selbst erschafft und sich in dem Maße wertschätzt und liebt, wie er diesem Bild gerecht wird. Im Sinne der antiken Geschichte vom selbstverliebten Narziss könnte man diese

Form der Selbstwertregulation „narzisstisch" nennen. Dabei gibt es jedoch verschiedene Spielarten. Den, sagen wir mal, „klassischen" Narzissten in seiner malignen, d. h. üblen Ausprägung hätte man in meiner Jugend einfach als „arroganten Sack" bezeichnet. Da er sich, im Grunde genommen, sehr klein und minderwertig fühlt, muss er sich dermaßen aufplustern und andere abwerten, dass es gerade so rauscht. Nur so kann er seine Größe erhalten. Zerbricht das grandiose Bild, das er von sich hat, stürzt er ganz gewaltig ab und geht – wie der griechische Knabe – zugrunde. So unangenehm sich der Kontakt zu Menschen mit einer solchen Persönlichkeit auch gestalten kann – die ganze Angelegenheit ist sehr traurig, wenn man sie von einer anderen Perspektive aus betrachtet und über die Abwertungen mit Humor hinwegsieht: Da ist ein ganz verletzliches Wesen, das überhaupt keinen Zugang zu seinen eigenen, echten Gefühlen und Bedürfnissen hat und sich dermaßen klein und wenig konkurrenzfähig fühlt, dass es jedem Vergleich mit seinen Artgenossen durch den Geniestreich der Selbstüberhöhung aus dem Wege zu gehen versucht. Wie ein kleiner Junge, der seinen Mitschülern beim Fußballspielen oder Turnen zusieht und sagt: „Da mach ich nicht mit. Das ist ja eh doof!" Die Entwicklungsaufgabe besteht für einen Narzissten darin, Empathie für sich selbst und infolge für andere Menschen zu entwickeln, die er zunächst ebenso gefühlvoll wie Gegenstände betrachtet.

Die andere Form von Selbstverliebtheit ist weit weniger augenscheinlich: der „Hinten-Ansteller" oder benigne, also gutartige Narzisst. Er bezieht seinen Selbstwert aus der Größe seines Heiligenscheins, den er hegt und pflegt. Dafür opfert er sich sogar für andere auf, lässt andere in der Einkaufsschlange vor und sieht seinen Mitmenschen Fehler nach, die er an sich selbst nie akzeptieren könnte. Und so verliert auch er den Zugang zu seinen ureigenen Gefühlen und Bedürfnissen. Diese

Prägung ist insbesondere bei spirituell interessierten Menschen verbreitet, die einer Art „Spirituellem Materialismus" (Trungpa 1994) verfallen, der wir bereits begegneten. „Ich meditiere, und du? Ich beschäftige mich mit den tiefgründigen Geheimnissen des Universums und bin nicht so oberflächlich wie das gemeine Volk. Ich mag grünen Tee, esse kein Fleisch und trinke kein Bier ...". Bitte verstehen Sie mich nicht falsch! Natürlich ist weder gegen Vegetarismus noch gegen Spiritualität etwas einzuwenden, doch muss man gehörig auf der Hut sein, dass aus diesen Dingen kein verführerisches, fixes Selbstbild wird, das einen fesselt.

Dazu möchte ich eine persönliche Geschichte erzählen: Ich hab' mal eine Katze überfahren. Man muss wissen, dass ich etwa seit dem 15. Lebensjahr kein Fleisch und keinen Fisch gegessen, teilweise wie ein Blöder meditiert, lange Zeit keinen Alkohol getrunken und mir als Jugendlicher oft überlegt hatte, nie den Führerschein zu machen, weil auf der Straße so viele Tiere – Igel, Vögel und auch Katzen – von den „umweltverpestenden Blechmonstern" getötet werden. Und dann überfahre ich, ausgerechnet ich, nun diese arme Katze! Meine Frau schluchzte, und ich war untröstlich und verzehrte mich in Selbstvorwürfen. Andererseits war mir klar, dass ich in dieser Situation nichts hätte anders oder besser machen können. Denn ich war sehr konzentriert, fuhr keineswegs mit überhöhter Geschwindigkeit, und die Katze war so schnell vor dem Auto, dass nicht einmal Neo aus dem Film „Matrix" eine Chance gehabt hätte. Als wir den Besitzer der Katze ausfindig gemacht hatten und er auch noch erwähnte, dass seine Kinder wohl sehr traurig sein würden, kam meine Selbstanklage zum Höhepunkt. Der nette Mann äußerte jedoch zu meiner Überraschung sein Bedauern, dass ich es sein musste, der dieses Tier überfuhr. „Jemand anderes wäre vielleicht nicht stehen geblieben", meinte er. Dann dachte ich darüber nach, wie ich eigentlich empfinden würde, wenn jemand oder etwas anderes – zum Beispiel ein herabfallender Ast im Wald – diese Katze getötet hätte, und kam zu dem Schluss: Einen anderen würde ich dafür nicht verurteilen. Und, wenn ich ganz ehrlich bin, hätte es mein Leben auch nicht sonderlich aus der Bahn geworfen, wenn sie von irgendeinem blöden Ast erschlagen worden wäre. Was mir dann allmählich dämmerte, war die Erkenntnis, dass es mir bis zu diesem Zeitpunkt nicht die Bohne um dieses Tier ging, sondern nur um mich und meinen geliebten Heiligenschein. An meinen Händen sollte kein Blut kleben, das mich „befleckt". Als ich mir das eingestehen konnte, begann ich überraschenderweise echtes Mitleid für die Katze, ein Bedauern und auch Trauer um die Katze zu empfinden.

Erst wenn man sich selbst in seiner ganzen Menschlichkeit – mit allen Fehlern, Macken und Schrulligkeiten – annimmt, seinen Heiligenschein mal absetzt, kann man meines Erachtens echte Wärme und Sympathie für seine Mitmenschen empfinden. Vorher liebt man die anderen immer auch etwas von oben herab. Da fehlt die Leichtigkeit, Wärme und Offenheit des Humors, der kein Größer und Kleiner, kein Oben und Unten kennt. Und eines ist beiden Typen von Narzissten gemeinsam: Wo das eigene, wohlgehütete Selbstbild tangiert wird, da hört sich der Spaß auf!

Das Problem ist nur: Selbst wenn man weiß, dass das Bild der eigenen Person schnell im Dienste narzisstischer Selbstwertregulation eingespannt wird – versucht man sich von seinem Selbstbild zu befreien, es zu „transzendieren" –, kann dieses Projekt die nächste Variante noch subtilerer Selbstidealisierung werden. Das einzig wirksame Gebräu ist das Zusammenspiel von Achtsamkeit und Humor. Das achtsame Zurücktreten hinter die Kulissen meines Heldenfilms hilft mir, den Film als solchen zu entlarven. Damit distanziere ich mich von ihm, bin nicht mehr in ihm gefangen und habe emotional etwas mehr Luft. Und mit Humor komme ich geradewegs aus meiner Selbstbezogenheit heraus und gewinne eine Leichtigkeit durch die Erkenntnis: Ich bin ja gar nicht *so* wichtig oder besonders und unterscheide mich keinen Deut von anderen Menschen. Ich bin nicht größer oder kleiner, sondern wie jeder andere. Ich bin irgendwer. Ein Mensch durch und durch! Und das ist schon okay so.

Da fällt mir noch ein Witz ein, den mir eine Kollegin erzählte, als ich einmal mit mir haderte:

Einst gab es einen sehr gewissenhaften Priester, der zum Papst ernannt werden sollte. Drei Tage vor seiner Inthronisation betete er zu Gott: „Ehrwürdiger und allmächtiger Gott, in drei Tagen werde ich nun dein Stellvertreter auf Erden sein. Bitte gib mir doch einen Hinweis, wie ich, ob meiner Beschränktheit und Unvollkommenheit, dieser schwergewichtigen und bedeutenden Aufgabe auf würdige Weise gerecht werden kann!" Und es kam ... keine Stimme aus dem Himmel. Zwei Tage vor der Ernennung wurden seine Gebete nun immer verzweifelter: „Lieber und gütiger Gott, gib mir doch wenigstens einen kleinen Hinweis, wie *ich* – so unvollkommen und beschränkt – dein göttliches Amt auszuüben habe, dass nicht etwa durch meine Fehler jemand an dir zweifelt oder gar vom Glauben abfällt!" Wieder keine Stimme aus dem Himmel. Kein brennender Dornbusch. In der letzten Nacht vor seiner Weihe kniete er nun mit gefalteten Händen auf der harten Gebetsbank, schweißüberströmt, und blies ein Stoßgebet ums andere in die stille Nacht: „Herr, erlöse mich von der Qual meiner Zweifel! Hilf mir, ein guter Hirte zu sein für deine Schafe! Was kann ich nur tun, um dieser höchsten aller Aufgaben gerecht zu werden?" Zuerst wieder ...

nichts. Dann – die gütige Stimme Gottes: „Ach, mein Lieber, nimm dich doch nicht so wichtig!"

3.7 Perfektionismus und Liebe zur Unvollkommenheit: Wo sind deine Muttermale?

Erschreckend viele Menschen (den Autor eingeschlossen) haben die Überzeugung, erst dann annehmbar oder liebenswürdig zu sein, wenn sie ganz und gar perfekt sind. Häufig ist man sich dessen nicht einmal bewusst. In Abschnitt 2.6 haben wir uns bereits mit solchen Grundannahmen beschäftigt.

Das Streben nach Perfektion kann daher kommen, dass Eltern ihre Liebe und Wertschätzung mehr oder weniger unabsichtlich an bestimmte Bedingungen knüpfen: „Du bist ein liebes Kind, wenn du den Teller aufisst, ... bei Tisch nicht herumturnst, ... keine Popel an die Wände schmierst und ... gute Schulnoten heimbringst!" etc. Natürlich dürfen Kinder erzogen werden – das ist sogar ihr gutes Recht! Doch sollten immer ihre Handlungen und niemals die Person selbst in der jeweiligen Situation als „okay" oder „nicht okay" beurteilt werden. Dazu sind Kinder auf ihre Eltern angewiesen, weil sie die Konsequenzen ihres Tuns oft nicht oder nur unvollständig mit ihren Handlungen in Verbindung bringen. Besonders wenn die Konsequenzen erst zeitlich verzögert eintreten oder sehr kompliziert sind.

Eine andere Ursache des Perfektionismus besteht darin, dass sich ein Kind stark nach außen orientiert und vielleicht auch verpflichtet fühlt, für seine Eltern etwas zu tun oder darzustellen. Das ist eigentlich gegen die kindliche Natur, die es ihm gestatten würde, ganz egozentristisch und spielerisch eigene Vorlieben, Fähigkeiten und Grenzen zu erkunden. Häufig kommen Kinder in solch eine missliche Lage, wenn Eltern ihre familiäre Rolle als Erziehungsberechtigte bzw. „Erziehungsverpflichtete" aufgeben und emotional zu Partnern ihrer Kinder werden – aus welchen Gründen auch immer (vgl. Winterhoff 2008). Oder sie lassen Kinder sogar in die Elternrolle schlüpfen und werden selbst zu deren Kindern. An solch einer Last muss man sich einen Bruch heben! Infolgedessen entwickelt ein junger Mensch weniger Gefühl dafür, was er selbst schafft und was ihm zu schwer zu bewältigen scheint, und kann eigene Unzulänglichkeiten und Grenzen nicht so gut annehmen. Besonders plastisch kommen die biographischen Hintergründe einer perfektionistischen Grundeinstellung in dem Song „Perfect" von Alanis Morissette (1996) aus dem Album „Jagged Little Pill" zum Ausdruck.

Natürlich liegt nicht alles ausschließlich an der Kindheit. Auch in der Jugend und im Erwachsenenalter erfahren wir unter Umständen mehr Wertschätzung, sind erfolgreicher in Schule und Beruf, wenn wir hart arbeiten, viel leisten und wenige Macken haben. Im Laufe der Zeit wird dieses Motiv der Selbstperfektionierung kaum noch hinterfragt, sondern stellt einen Teil unserer Normalität dar. Und solange uns der Perfektionismus nicht in eine psychische Krise führt, erachten wir ihn vielleicht sogar als besonders exklusive Charaktereigenschaft, die wir etwas zelebrieren.

Wenn wir die Zweischneidigkeit des Perfektionsstrebens dann erkennen – weil wir nicht mehr das leisten können, was wir von uns selbst gewohnt sind und erwarten –, dämmert uns allmählich, dass dieser „Antreiber" (Höfner u. Schachtner 2004) kein wirklich guter Verbündeter, kein so lieber Freund ist, wie wir dachten. Wollen wir ihn loswerden, bemerken wir erst, wie eng er uns ans Herz gewachsen ist. Er hat sich zu einer tragenden Säule unseres Selbstwertes entwickelt. Und man wird kaum so dumm sein, den Ast abzusägen, auf dem man

Abb. 3-3 Anakin Skywalker alias Darth Vader

sitzt! Darum wäre eher die grundsätzliche Frage angebracht, ob es wirklich so erstrebenswert ist, perfekt zu sein.

Für mich gibt es ein ziemlich gutes Bild für kühle Perfektion: Darth Vader aus dem Science-Fiction-Epos „Star Wars" von George Lucas. Darth Vader war ursprünglich ein Jedi-Ritter namens Anakin Skywalker, der vom Meister Obi-Wan Kenobi ausgebildet wurde. Er galt als der Auserwählte einer uralten Jedi-Prophezeiung und sollte das Gleichgewicht der Macht wiederherstellen. Später wurde er zu Darth Vader, einem gefürchteten Diener des bösen Imperators. Die Star-Wars-Saga handelt zu großen Teilen von Anakins Fall zur dunklen Seite der Macht bis zu dessen Erlösung durch seinen Sohn, Luke Skywalker. Wie die meisten Bösewichte, ist auch er mächtig, kalt und gänzlich knitterfrei – damit aber ganz und gar unmenschlich bzw. entmenschlicht und tot.

Wie man in Abbildung 3-3 sehen kann, besteht er schon äußerlich weitgehend aus künstlichen Bauteilen. Sein Antlitz, überdeckt von einer Hightech-Beatmungsmaske, ähnelt dem eines Totenkopfes. In Sachen Humor ist bei Lord Vader auch nicht viel zu holen. Wer ihm blöd kommt, macht Bekanntschaft mit seinem gefürchteten Telepathie-Würgegriff oder ist nach kurzem Aufblitzen des roten Laserschwertes einen Kopf kürzer.

Sein Kontrahent ist der Yedi-Altmeister Yoda, den Abbildung 3-4 zeigt. Er ist ca. 66 cm groß, in Episode VI über 900 Jahre alt, hat lange, verbogene Ohren, schütteres Haar, einen grünlichen Teint und spricht nur gebrochen Deutsch bzw. Englisch. Doch ist er geradezu die Verkörperung der ganz großen menschlichen Werte: Liebe, Weisheit und Mitgefühl. Nicht zufällig erinnert er in seinem ganzen Habitus stark an

Abb. 3-4
Jedi-Altmeister
Yoda

einen buddhistischen Zen-Meister. Und obwohl er einer der mächtigsten Jedi-Meister aller Zeiten ist, ein Virtuose mit dem Lichtschwert, und Gegenstände nahezu beliebiger Größe durch seine spirituelle Kraft – die Macht – durch die Luft schleudern kann, setzt er all diese Fähigkeiten nur ein, wenn es unbedingt sein muss. Und er geht gewöhnlich am Stock.

Im Gegensatz zu Darth Vader lacht er oft und gern. Außerdem besitzt er eine gewisse Selbstironie und nimmt sich selbst nicht so furchtbar wichtig wie der schlecht gelaunte Lord Vader. Interessanterweise wollte Yoda den jungen Anakin zunächst nicht für die Jedi-Ausbildung zulassen, da er ein sehr hohes Maß an Angst bei ihm wahrnahm – insbesondere Angst um seine noch immer als Sklavin lebende Mutter Shmi. Und aus Angst – in diesem Fall: Verlustangst – entstehe Zorn und Hass. Dies sei der Weg zur „dunklen Seite der Macht". „Loslassen du musst", rät ihm der alte Meister Yoda. Doch wenn er an seine Mutter denkt, hört bei ihm der Spaß auf. Und so entwickelt er eine sehr üble Laune. Als sich diese Verlustangst auf seine Frau, Padmé Amidala, Königin von Naboo, überträgt (für Psychoanalytiker ein wahres Fest!), wird er schließlich von dem Gedanken verführt, den unausweichlich scheinenden Tod seiner Gattin durch die dunklen Mächte zu bezwingen. Dadurch erstickt er das Leben, ironischerweise auch das ihre. Padmé stirbt aus Schmerz darüber, ihren Mann Anakin, wie sie ihn kannte und schätzte, verloren zu haben. Wenn wir das Leben wahrhaft lieben, sollten wir uns also besser mit der Vergänglichkeit anfreunden. In diesem Sinn ist Perfektion statisch, unlebendig, ja geradezu lebensverneinend. Dazu gibt es eine Geschichte, die man sich meines Wissens in Zen-Kreisen erzählt:

Einst bat ein Meister seinen Schüler, die Wege im Garten von den herabgefallenen Blättern freizukehren. Als der Schüler schließlich seine Arbeit beendet hatte, sagte er zum Meister: „Seht, Meister, jetzt bin ich fertig – kein einziges Blatt liegt mehr auf dem Weg! Jetzt ist es vollkommen." Darauf ging der Meister zu einem der Bäume, rüttelte an einem Ast, sodass ein paar Blätter auf den Weg fielen, und erwiderte: „Jetzt, mein Schüler, ist es vollkommen. Jetzt bist du fertig."

Perfektion ist außerdem alles andere als individuell. Wenn Sie beispielsweise $\sqrt[3]{27} \cdot \left(\frac{2^2 \cdot 3!}{2} + 2\right)$ rechnen, kommen Sie auf das gleiche Ergebnis wie ich oder sonst irgendwer, der das eben ausrechnen kann.[8] Da gibt es keine Freiheitsgrade, wenig Spielraum für Individualität. Die Art und Weise, einen Fehler zu machen, etwas zu missverstehen, ist dagegen sehr individuell, wie ich in meiner früheren Tätigkeit als Statistik-Tutor an der Uni oft feststellen konnte. Das faszinierte mich irgendwie. Und diese Einzigartigkeit macht Menschen so unverwechselbar und liebenswürdig.

Das schönste Beispiel hierzu stammt von einer Freundin, die sich einst mit meiner Frau und mir über Muttermale unterhielt. Wir gingen dabei auch auf ein etwas größeres Muttermal meiner Tochter ein. Schließlich meinte die Bekannte zu meiner Frau: „Dann musst du ja auch ein Muttermal an dieser Stelle haben – deshalb heißen die doch so, oder?" Sie hatte sich tatsächlich bis ins Erwachsenenalter solch ein nettes und einzigartiges Fehlverständnis von Muttermalen bewahrt, wie es wohl kaum ein anderer hat. Streng betrachtet ist das ein Denkfehler, dem sie wohl schon als Kind aufgesessen war. Doch aus

---

8   Die Lösung lautet 42 (s. Kap. 1 auf S. 3).

einer anderen Perspektive betrachtet, sind solche „Fehler" genau das, was uns von einer Maschine, einem Roboter oder Computer unterscheidet.

3.8   Angst und Mut

Menschen, die unter ausgeprägten Ängsten leiden – vielleicht deshalb auch in Behandlung sind –, denken teilweise über sich selbst, sie wären nicht mutig und dass sie nur ohne ihre Ängste mutig sein könnten. Das glaube ich nicht. Ohne Angst gibt es keinen Mut! Zeugt es etwa von besonderem Mut, wenn wir uns an der Nase kratzen? Nein, weil das nicht sonderlich gewagt ist und insofern auch keine besondere Herausforderung darstellt (außer man hat ein fieses, aggressives Geschwür an der Nase). Und ist es mutig, einem hungrigen Krokodil die Zähne zu putzen? Das würde ich wiederum eher als dumm oder zumindest sehr naiv bezeichnen. Stellen wir uns hingegen einer Situation mit all unseren Ängsten, so ist das aus meiner Sicht wahrhaft mutig und tapfer. Und dabei macht es auch keinen Unterschied, ob andere in derselben Situation ähnlich empfinden würden oder nicht.

Die bekannte Fantasy-Geschichte „Der Herr der Ringe" von John R. R. Tolkien (2004) illustriert das auf ganz wunderbare Weise. Da gibt es einen Zwerg namens Gimli. Ungestüm stürzt er sich in jede Schlacht, ganz gleich, ob er dabei draufgeht oder nicht. Ob das wirklich mutig ist? Vielleicht zeugt es eher von einer beschränkten Fähigkeit, Situationen adäquat einzuschätzen. Ganz anders ist das bei dem kleinen Hobbit Frodo Beutlin. Er hat ein ganz sensibles, geradezu filigranes und sehr ängstliches Wesen. Und mit (nicht trotz!) seiner ganzen Ängstlichkeit ist er es, der den Ring des Bösen schließlich zum Schicksalsberg bringt, wo er dann im Vulkan vernichtet wird. Dass Frodo vorher mal kurz in Versuchung kommt, sei ihm zugestanden.

Wenn wir bereit sind, mit unserer Angst nach dem zu handeln, was uns etwas bedeutet, sind wir wahrhafte „Krieger des Lichts" (Silbermond 2009). Und was hilft uns dabei? Na, raten Sie mal: Achtsamkeit und Humor! Mit Achtsamkeit können wir uns so weit von unserem Gefühl distanzieren, dass wir etwas mehr Luft zum Atmen haben. Alles, worauf ich zeigen kann, das bin ich nicht. Aus „Ich bin verängstigt" wird „Ich habe Angst" bzw. „Da ist Angst in mir". Und Humor nimmt der – inneren wie äußeren – Situation ihren Schrecken.

Als angehender Psychologe im Studium hatte ich mich immer ein wenig darüber geärgert, dass ich beim Gedanken an den nächsten Zahnarztbesuch, na sagen wir mal, nicht gerade tiefenentspannt war. Als ich im Gespräch mit meinem späteren Doktorvater einmal auf dieses Thema kam, meinte er, dass es doch völlig unrealistisch sei, vor dem Zahnarzt keine Angst zu haben. Das entspannte mich derart, dass ich bei der nächsten zahnärztlichen Behandlung lediglich Angst hatte, aber kein Problem mehr mit meiner Angst. Und ich habe für mich erkannt: Auch mit Angst kann man für seine Zahngesundheit sorgen! Ob es nun das Halten von Vorträgen, wichtige Lebensentscheidungen oder was auch immer betrifft: Nehmen wir unsere Angst – und damit einen Teil von uns selbst – mit einem Schmunzeln liebevoll in den Arm, ist die Sache nur noch halb so wild.

Da fällt mir noch der „Riddikulus"-Zauber (von lat. *ridiculus* bzw. engl. „ridiculous" = lächerlich) von Joanne K. Rowlings populärem Romanhelden Harry Potter ein: Dieser Zauberspruch bewirkt, dass ein sogenannter „Irrwicht", d. h. ein Schreckgespenst, das jedem anders erscheint, in etwas Lächerliches verwandelt wird und dabei seinen Schrecken verliert (vgl. Rowling 1999). Ich glaube, dass dieser Zauber tatsächlich funktioniert, auch ohne Zauberstab (obwohl der sicherlich nicht schadet). So empfiehlt man einem Kind, das sich etwa vor seinem Lehrer fürchtet, es solle sich denselben in Unterhosen oder auf der Toilette sitzend vorstellen. Da fällt jede Hierarchie! Und Angst verwandelt sich in Heiterkeit und Mut.

3.9 Ärger: Aus dem Häuschen oder im Häuschen?

Steht hinter Angst das Bedürfnis nach Sicherheit, so liegt der Sinn von Ärger grundsätzlich darin, das eigene Revier abzustecken, uns abzugrenzen und für unser Recht bzw. unsere Ziele stark zu machen. Das macht uns sehr klar in der Beziehung. Und diese Klarheit stiftet überhaupt keinen Unfrieden, sondern trägt eher zur besseren Verständigung und zur Harmonie bei. Nicht umsonst nennt man einen Zaun, der das eigene Grundstück von dem des Nachbarn abtrennt, „Einfriedung". Wenn wir allerdings viele – vielleicht ein paar zu viele – konkrete Vorstellungen darüber haben, wie die Dinge sein sollten, sind wir besonders anfällig für Ärger. „Mein Wille geschehe, wie im Himmel, so auf Erden ...", lautet dann unser Gebet. Aus der Einfriedung wird schnell der Maschendrahtzaun des kleinkarierten und humorlosen Spießers. Und dem gereicht bisweilen schon ein unscheinbarer Knallerbsenstrauch zum Nachbarschaftsstreit (vgl. Raab 1999).

Bei Ärger – ähnlich wie bei Angst – neigen wir dazu, ganz schnell „aus dem Häuschen" zu sein, d. h. mit der Aufmerksamkeit zu sehr nach draußen zu gehen und uns im Außen zu verlieren. Geht es bei der Angst darum, die vermeintliche Gefahr „da draußen" abzuchecken, zu kontrollieren wie ein ängstliches Kaninchen, das auf die tödliche Schlange starrt, so suchen wir bei Ärger den Feind, der alles angerichtet hat. Es ist, als hätte jemand einen Molotow-Cocktail in unsere Wohnung geworfen. Wir rennen sofort nach draußen, um uns den Kerl zu schnappen und es ihm zu zeigen, während drinnen die ganze Bude abbrennt. Klüger wäre es natürlich, kümmerten wir uns zuerst um das Feuer in unserer Wohnung – blieben also „im Häuschen". Da müssen wir ganz genau hinsehen, um zu wissen, wo es am stärksten brennt und wir zuerst löschen müssen. Dabei kann uns Achtsamkeit helfen. Ist der Brand weit genug eingedämmt, kann ich rausgehen und mich mit dem ursprünglichen Besitzer der Flasche auseinandersetzen. Vielleicht will er sie ja wiederhaben.

Humor kann solch einen entzündlichen Cocktail in ein kühles Bier oder – wer's alkoholfrei mag – in eine Limo verwandeln. Manchmal geschieht das ganz spontan, wenn uns der stereotype Aspekt einer Situation, das Klischeehafte, ins Auge fällt und wir damit etwas Distanz zur aktuellen Situation und unseren Gefühlen bekommen. In Beziehungsgefechten passiert so etwas manchmal spontan: Man streitet über eine Angelegenheit zum x-ten Mal, und beide Beteiligten wissen genau, welches „Knöpfchen" als Nächstes zu drücken ist, um den anderen so richtig auf die Palme zu bringen. Und weil man sich irgendwie doof vorkommt, wenn man so vorhersagbar wie ein CD-Player auf Knopfdruck immer die gleiche Leier abspielt, wird aus dem grimmigen Ernst ein vorsichtiges und zunächst unterdrücktes Schmunzeln. Wenn man dann noch sieht, dass es dem Kontrahenten genauso ergeht, entspannt sich die ganze Situation in spontanem Lachen.

Humor hilft also, den vermeintlichen oder gar realen Angriff weniger persönlich zu nehmen und stattdessen in einen etwas allgemeineren und damit unpersönlicheren Zusammenhang zu stellen. Oder wie der tibetische Meditationsmeister Chögyam Trungpa (2007, S. 164) es ausdrückt:

„Sinn für Humor besteht letztendlich darin, mit den Situationen des Lebens in ihrer vollen Absurdität auf eine freie Weise umgehen zu können. Sinn für Humor heißt, die Dinge klar zu sehen, inklusive der Selbsttäuschungen, ohne Scheuklappen, ohne Barrieren, ohne Entschuldigungen. Es heißt, offen zu sein und das ganze Panorama zu sehen und nicht, Druck abzulassen."

3.10 Begeisterung und Leidenschaft

Leidenschaft ist die humorlose Variante von Begeisterung. Auch wenn beide Begriffe häufig synonym gebraucht werden, so hat Begeisterung für mich doch etwas mehr von kreativer Inspiration, Frische oder Anfängergeist und vor allem Freiheit. Leidenschaft – das sagt schon der Name – schafft Leiden. Man ist durch sie stärker gebunden, als einem lieb ist. Gerade weil das starke Angesprochen-Sein von einer Sache oder auch von einem Menschen mit angenehmen Gefühlen verbunden ist, verpasst man leicht den Punkt, an dem Begeisterung in Leidenschaft umkippt. Man beginnt festzuhalten und wird selbst ergriffen. Ehe man schaut, ist man besessen, in gewisser Weise süchtig. Im Tao-te-king des Weisen Lao-tse, dem zentralen Werk des Taoismus, heißt es (Laudse 1988, S. 114, § 64):

„wer hält, verliert es
so handelt der weise nicht und verdirbt nichts
hält nichts und verliert nichts
wenn menschen handeln
versagen sie meist knapp vor der vollendung
wer das ende bedenkt, wie er den anfang bedachte
der wird nichts verderben"

Man könnte dieses Zitat auch gut auf die Liebe beziehen. Je mehr man festhält, desto mehr verdirbt man die Sache. Das ist auch der Unterschied zwischen Liebe und Verliebtsein. Letzteres ist auch eine Art Passion. In gewisser Weise sieht man den anderen gar nicht, wenn man verliebt ist. Man sieht nur die eigenen Projektionen. Bitte nicht falsch verstehen! Natürlich ist Verliebtsein ein sehr angenehmes Gefühl. Aber so wirklich klar im Kopf, unbefangen und frei sind wir dabei nicht. Nicht umsonst spricht man von der „rosaroten Brille"! Wir möchten den anderen besitzen und sind gleichzeitig selbst völlig eingenommen. Die Gefahr ist groß, dass wir sie oder ihn dabei – ohne es zu wollen – gleichsam ersticken. Oder wir sind enttäuscht, wenn der andere mehr und mehr von unseren verträumten Vorstellungen abweicht. Dann kommt das Erwachen. Aber besser enttäuscht als getäuscht, oder nicht? Vielleicht fängt Liebe erst dort an, wo die heißen und leidenschaftlichen Flammen des Verliebtseins langsam in die stete, warme Glut der Liebe übergehen. Aber bevor das hier etwas zu pathetisch wird, zu etwas ganz anderem, nämlich zu der Frage: Wie erhält man Begeisterung aufrecht, ohne allzu leidenschaftlich und damit selbst in Beschlag genommen zu werden?

„Loslassen" lautet die Devise. Können wir loslassen, was uns begeistert – sei es ein Mensch, eine Tätigkeit, das Ergebnis eines kreativen Prozesses oder auch nur ein neues Schnicki-schnacki[9] –, bleiben ironischerweise das Interesse und die Freude des ersten Augenblicks erhalten. Nimmt uns die Sache zu sehr ein, können wir ihrer überdrüssig werden. In gewisser

---

9 So nenne ich die vielen entbehrlichen Dinge, die uns immer wieder so faszinieren können: elektronisches Männer-Spielzeug etwa oder Schuhe, Taschen etc.

Hinsicht bedeutet das aber auch, mit dem Wandel und der Vergänglichkeit zu leben. Und da sind wir auch schon beim nächsten Thema.

3.11 Vergänglichkeit und Leerheit

Alles ist vergänglich. Das ist eine unumstößliche Tatsache. Sträuben wir uns dagegen, leiden wir. Dabei ist die Unbeständigkeit der Dinge auch die Voraussetzung für Leben. Ohne Wandel keine Entwicklung, kein Wachstum und – kein Leben. Ohne Unbeständigkeit könnte eine Knospe niemals zu einer Blüte heranreifen, könnten wir nichts lernen und folglich auch keine Krise überwinden. Nur weil das Momentane ständig Platz macht für etwas Neues, läuft der Fluss des Lebens weiter.

Ebenso kann der Gedanke an die eigene Endlichkeit nicht nur erschreckend oder beängstigend wirken, sondern auch etwas sehr Beruhigendes haben. Er rückt unsere Werte wieder zurecht und lässt uns über die eine oder andere eingeschränkte Sichtweise und unsere ach so vielen Sorgen wieder etwas schmunzeln. Denn: So schrecklich wichtig sind viele Dinge gar nicht, über die wir uns unendlich den Kopf zerbrechen. Fragen Sie sich doch nur mal, wie Sie leben würden, wenn Sie nur noch einen Monat, eine Woche oder vielleicht sogar nur einen einzigen Tag zu leben hätten! (Sie können auch eine Eintagsfliege dazu befragen.) Würden Sie alles genauso machen, wie Sie das im Moment tun? Auch wenn wir deshalb nicht gleich egoistisch oder gar rücksichtslos werden müssen – so nach dem Motto: „Jetzt ist ja eh alles egal!" –, würden wir doch vieles komplett anders sehen und vor allem anders handeln. Und jetzt die Gretchen-Frage: Wer kann uns denn garantieren, dass dem nicht so ist? Ich könnte morgen von einem Lastwagen überfahren werden, vielleicht sogar von einem, auf dem „Carpe diem!" steht.[10]

Nur *weil* die Dinge vergänglich sind, sind sie so schön. Nicht *obwohl* sie vergänglich sind. Oder würden Sie ein Plastikgesteck einem echten Strauß Blumen vorziehen? Aber Veränderung ist natürlich auch immer verbunden mit der Angst, uns selbst zu verlieren. Das ist die existenzielle Bedrohung für unser Ich schlechthin. Am liebsten würden wir immer wir selbst bleiben. Darum suchen wir auch ständig nach irgendeiner Form von Selbstbestätigung. Nicht in dem Sinne, dass wir uns attestieren müssten, besonders toll zu sein, sondern vielmehr, überhaupt jemand – getrennt vom Rest der Welt – zu sein (vgl. Trungpa 1994, 2007). Wenn wir es verstehen, mit einem Lächeln auf den Wellen des Lebens als „Irgendwer" zu surfen, haben wir uns mit der Unbeständigkeit ausgesöhnt und können erst so richtig Freude an diesem ganzen Tanz gewinnen.

Unter Leerheit versteht man die Abwesenheit eines festen, dauerhaften Selbst oder, wie man in der Philosophie sagt, inhärent existierenden Selbst. Anders ausgedrückt: Nichts existiert aus sich selbst heraus und isoliert von allem anderen. Ein Tisch zum Beispiel hat insofern kein Selbst, als man in den Elementen, aus denen er besteht, nichts „Tischhaftes" finden kann – weder im Holz noch in den Schrauben, Muttern oder der Lackierung. Die Tatsache, dass ein Tisch „leer" in Bezug

---

10 Um diesen Gedanken abzurunden, sollten Sie sich das Lied „Ironic"
von Alanis Morissette (1996) anhören!

auf ein inhärent existierendes Selbst ist, heißt aber nicht, dass er gar nicht existiert. Das weiß jeder, der sich nachts schon mal den kleinen Zeh an einem Tischbein gebrochen hat! Er existiert eben nur nicht ganz so, wie man sich das gewöhnlich vorstellt – quasi als isoliertes Einzelwesen in der Welt –, sondern ausschließlich in wechselseitiger Abhängigkeit von allen anderen Dingen, die seine Existenz ermöglicht haben: dem Schreiner, der ihn gebaut hat, den Bäumen, von denen das Holz stammt, dem Regen und der Sonne, die diese Bäume zum Wachsen brachten, und dem Menschen, der den Tisch als Objekt seines Geistes erfasst.

> „Dies ist, weil jenes ist. Dies ist nicht, weil jenes nicht ist. Dies entsteht, weil jenes entsteht. Dies vergeht, weil jenes vergeht."
> (Thich Nhat Hanh 1999, S. 221)

So heißt es in der buddhistischen Lehre vom Entstehen in wechselseitiger Abhängigkeit. Alle Dinge existieren nur in wechselseitiger Abhängigkeit und in Bezug aufeinander. Das ist mit Leerheit gemeint. Leerheit (*shunyata*) bzw. Nicht-Selbst (*anatman*), was im Kern das Gleiche meint, und Unbeständigkeit (*anitya*) werden im Buddhismus gemeinsam mit Nirvana, dem Verlöschen aller Konzepte, der Zeichenlosigkeit (*animitta*) zu den „Drei Daseinsmerkmalen" gezählt. Diese drei Daseinsmerkmale, auch „Drei Dharma-Siegel" genannt, beschreiben das Wesen der Wirklichkeit aus buddhistischer Sicht. Eine Lehre, die auf sie hinweist, zeichnet sich demnach als genuin buddhistisch aus (vgl. Thich Nhat Hanh 1999, S. 132–146).

Wir mögen das alles intellektuell verstehen. Dennoch empfinden wir die Welt auf eine Weise, als ob sowohl wir selbst als auch die uns umgebenden Dinge ganz fest, real und aus sich selbst heraus existierten. Aus diesem Grund ist unser

Dasein oft geprägt von Angst, Gier und Hass – Emotionen, in die wir uns gehörig verstricken können. Angst, nicht oder nicht mehr zu existieren. Angst, angegriffen zu werden oder Geliebtes zu verlieren. Verlangen und Gier nach Dingen, die vermeintlich außerhalb von uns existieren und von denen wir glauben, sie würden uns glücklich machen. Und Ärger bis hin zum Hass, wenn sich uns etwas oder jemand „da draußen" in den Weg stellt. Diese Grundreaktionen sind im Kern immer verbunden mit der falschen Ansicht, dass wir und die Dinge aus sich selbst heraus und getrennt voneinander existieren. Wenn wir dieses Missverständnis überwinden, lösen sie sich auf oder fesseln uns nicht mehr. Dann sind wir frei. Und als Buddha dies alles nach tiefer Meditation beim Anblick des Morgensterns erkannte, lächelte er.

3.12   Expertise und Anfängergeist

„Des Anfängers Geist hat viele Möglichkeiten, der des Experten hat nur wenige" (Suzuki 1990, S. 22), heißt es im Zen. Damit ist gemeint, dass der „Könner" oftmals ziemlich vorgefasste Meinungen oder eingefahrene Denk- und Handlungsschemata hat. Ein Anfänger hingegen ist völlig unbefangen, nach allen Seiten hin offen und geht an eine Sache höchst kreativ und frisch heran. Außerdem versperrt uns das Ah-kenn-ich-schon-weiß-ich-schon alle neuen Erfahrungen. Wenn man zum Beispiel weiß, welcher ach so besondere Wein zu diesem feinen Fisch passt, hat man kaum noch die Möglichkeit, herauszufinden, ob vielleicht etwas ganz anderes in genau diesem Moment auch nicht übel wäre – ein Weißbier oder ein Spezi etwa. Ich zum Beispiel denke oft, dass ich Rosinen nicht mag. Esse ich sie jedoch im Rahmen der „Rosinenübung", die ich in der Therapie regelmäßig mit Patienten durchführe, stelle ich immer wieder fest, dass das nur eine fixe Idee von mir ist, die so nicht stimmt. Ob sich das nun auf eine Rosine, die großen Lebensthemen oder gar andere Menschen bezieht, der Punkt ist immer derselbe: Wer zu viel weiß, wird blind.

Wenn ich Experten über ein Thema fachsimpeln höre – etwa auf einem Kongress oder einer Fachtagung – und jemand sich traut, eine unkonventionelle Frage zu stellen oder sonst irgendwie quer zu denken und die etablierte Meinung damit in Frage zu stellen, drängt sich mir unweigerlich der Gedanke auf: „Der Anfänger hat (noch) viel Humor, der Experte wenig." Natürlich macht dieses Phänomen auch auf dem Wissenschaftsgebiet der psychotherapeutischen Achtsamkeitsforschung keine Ausnahme. Wenn die urmenschliche und universelle Haltung der Achtsamkeit erst als „mindfulness", wie der Experte sagt, ganz wichtig und ernst genommen wird, kann ich mich des Eindrucks oft nicht erwehren, dass nun eine gehörige Portion humorvoller „Mindfoolness" erforderlich ist. Der Narr besitzt seit jeher die Freiheit und Legitimation, die Wahrheit ungeachtet aller Hierarchien und Standesdifferenzen auszusprechen.

Kommt man selbst einmal unverhofft in die Lage, zum Experten zu avancieren – auf welchem Gebiet auch immer –, so kann einen meines Erachtens nur eine gute Portion Humor und Selbstironie davor bewahren, allzu selbstgefällig und betriebsblind zu werden. Wirklich große Köpfe schreckten nie davor zurück, anerkannte Konventionen in Frage zu stellen und gewohnte Denkwege zu verlassen. Dazu muss man im wahrsten Sinne des Wortes manchmal „verrückt" sein, d. h. vom arithmetischen Mittel der Meinungen abgerückt. Und genau das bringt Dynamik ins Denken.

In Bezug auf die Praxis von Achtsamkeit ist der Anfängergeist unerlässlich. Er hilft uns, ständig neu und unbefangen auf das zu blicken, was sich von Moment zu Moment ereignet.

Selbst wenn es den Anschein hat, dass wir die gleiche Erfahrung schon zigtausend Mal gemacht haben – Ein- und Ausatmen zum Beispiel oder einen Fuß vor den anderen setzen. Dennoch ist jeder Atemzug und jeder Schritt faktisch neu, noch nie dagewesen und nie mehr zu wiederholen. So wie man nach Heraklit bekanntlich nicht zweimal in denselben Fluss steigen kann. Oder nicht zweimal hintereinander denselben Witz erzählen sollte!

3.13 Schwangerschaft, Geburt und Kindererziehung

„Die Geschichte der Menstruation ist eine Geschichte voller Missverständnisse!" Und so ist der Themenkomplex Schwangerschaft, Geburt und Kindererziehung wie kaum ein zweiter von derart ideologischen Vorstellungen und Humorlosigkeit geprägt, dass es wirklich nicht einfach ist, neutrale Informationen darüber zu gewinnen und sich mit seinen Mitmenschen entspannt zu unterhalten.

Gerade zu Schwangerschaft und Geburt gibt es zwei klare Fronten. Die einen stammen aus der Bio-Öko-Alles-ist-natürlich-und-Schmerz-ist-super-Ecke, die eine Frau schon fast herablassend ansehen, wenn sie ihr Kind mit einer Periduralanästhesie (PDA) zur Welt bringt. Weil der natürliche Entbindungsschmerz der Frau ja die Ausschüttung von körpereigenen Endorphinen bewirkt, die dem Kind die Niederkunft angenehmer machen. Gänzlich verachtet wird eine werdende

Mutter, wenn sie gar einen Kaiserschnitt benötigt (weil das die Krankenhäuser ja eh nur aus Geldgier machen ...). Und dann gibt es da noch das Lager der Hardcore-Mediziner, die einer Schwangeren gleich mal eine ICD-10-Diagnose[11] verpassen und Schwangerschaft damit zu einer gefährlichen Erkrankung machen. Wenn das Kind entgegen aller statistischen Risiken dann doch heil zur Welt gekommen ist, wird es möglichst vor und nach dem Säugen und dem Stuhlgang gewogen (und dazwischen auch). Man möchte ja genau kontrollieren können, ob die Natur hier nicht zu nachlässig ist und das Kind auch wirklich gut gedeiht. Gegebenenfalls wird dann noch mit Glukose nachgeholfen.

Später, bei der Kindererziehung, geht es weiter: Da gibt es auf der einen Seite die Befürworter des antiautoritären Erziehungsstils, die ihre Kleinen auch gerne mal aufs Sofa machen lassen. Dem gegenüber stehen die Autoritären der alten Schule, die ein nächtlich schreiendes Kind sofort als manipulativ entlarven und es ganz konsequent für mehrere Stunden weiter schreien lassen.

Aber ganz gleich, welche Position man in diesem Themenkomplex vertreten mag – ohne etwas Humor neigen wir dazu, die differenzierte Betrachtung des Einzelfalls eigenen ideologischen Vorstellungen zu opfern und andere Menschen etwas zu schnell abzuurteilen. Ferner kann eine gewisse Selbstironie das Selbstwertgefühl der Eltern vor dem seelischen Bankrott schützen. Irgendetwas macht man ja schließlich immer falsch, oder etwa nicht?

---

11 ICD-10 steht für International Classification of Diseases in seiner 10. Version und bezeichnet das offizielle und weltweit anerkannte Diagnosesystem in Medizin und Psychotherapie.

3.14 Politik und Weltanschauliches

Will man die Stimmung auf einer Party ober bei einem gemüt-
lichen Beisammensein mit Freunden mal ordentlich verderben, muss man nur über Politik reden. Dabei werden die Gemüter regelmäßig so erhitzt, dass auch gekühlte alkoholische
Getränke nicht mehr ausreichen. Die nettesten Leute loten
gegenseitig ihre Toleranzgrenzen bis zum Äußersten aus und
gehen gerne auch noch ein bisschen weiter. Um die eingeschränkte Sichtweise des Gegenübers zu korrigieren bzw. zu
erweitern, versteht sich.

Das heißt natürlich nicht, dass eine angeregte Diskussion
über politische Themen grundsätzlich nicht fruchtbar sein
kann. Nur ist es geradezu magisch, wie schnell Menschen bei
Gesprächen über Politik oder Weltanschauliches ihren Sinn
für Humor einbüßen. In entsprechenden TV-Sendungen bekommt man das plastisch demonstriert. Vielleicht ist das auch
einer der Gründe, warum im Mittelalter gerne der eine oder
andere für seine Meinung auf dem Scheiterhaufen landete. So
unkultiviert sind wir heute zum Glück nicht mehr! Da schüttet
man seinem Kontrahenten eher ein Glas Rotwein „aus Verse-
hen" über das Jackett oder das Abendkleid. Stellen Sie als Gast-
geber Ihren Freunden hierfür eigens Gläser auf den Tisch und
eröffnen den Kampf wie ein Box-Kommentator, haben Sie übrigens Chancen auf einen netten Abend!

Ich möchte auch aus der Humorlosigkeit kein Politikum machen, jetzt lieber zum praktischen Teil übergehen und betrachten, wie man Achtsamkeit und Humor kultivieren kann.

4   Praxis

Noch niemand hat je Klavierspielen gelernt, indem er ein Buch darüber las.   (Maex 2009; www.arbor-verlag.de)

Es gibt wirklich viele hervorragende Bücher über die Praxis von Achtsamkeit oder Meditation (zum Beispiel Kabat-Zinn 2011; Lehrhaupt u. Meibert 2010; Sekida 1993; Sogyal Rinpoche 1994; Suzuki 1990; Thich Nhat Hanh 1996; Trungpa 1994). Und doch ist für jeden Menschen – je nach Temperament und persönlichem Hintergrund – eine andere Annäherung an dieses Thema, eine andere Sprache geeignet. Was für den einen höchst inspirierend und beflügelnd ist, schreckt den anderen geradezu ab. Allein das Wort „Meditation" schlägt ja schon viele kritisch-rational veranlagte Zeitgenossen in die Flucht. „Muss man da etwa mit gekreuzten Beinen auf dem Boden sitzen und immer ‚Om!' sagen?" Nein, muss man nicht. Kann man aber, wenn man will.

Also möchte auch ich nun einen Versuch wagen und Ihnen ein paar Anregungen zur Übung von Achtsamkeit geben. Das Wesentliche, was ich damit erreichen möchte, ist (außer mich etwas wichtig zu machen), Sie zum Üben, zu einer regelmäßigen Praxis zu ermutigen. Denn ganz dem Sinn des Eingangszitats folgend: Ohne selbst zu üben, kann man nicht nachvollziehen, was Achtsamkeit im eigenen Leben bedeutet. Außerdem gibt es auch wissenschaftliche Belege dafür, dass die Übungshäufigkeit von zentraler Bedeutung für die Wirksamkeit von therapeutischen Achtsamkeitsprogrammen wie der MBCT (Mindfulness-Based Cognitive Therapy) ist (Hülsebusch u. Michalak 2010).

Nach einer ersten, informellen Geschmacksprobe von Achtsamkeit werde ich zunächst ein paar ganz traditionelle Übungsformen für Meditation beschreiben. Anschließend werden einige Fragen geklärt, die sich beim Üben ergeben können. Nach ein paar Ausführungen zum Thema „Achtsames Essen" folgt eine Anregung zur achtsamen Selbsterforschung mittels der Frage „Wer oder was bin ich?".

Als allgemeine Faustregel kann man sagen, dass diese Übungen leichter fallen, wenn die innere Anspannung nicht allzu hoch ist – auf einer Anspannungs-Skala von 1 (im Schlaf) bis 100 (Explosionsgefahr) vielleicht so bis 70. Bei hoher Anspannung können einem kürzere Übungsintervalle und mehr Außenorientierung entgegenkommen, d. h. eine stärker auf äußere Objekte gerichtete Achtsamkeit. Viele Anregungen dazu findet man etwa im „Trainingsmanual zur Dialektisch-Behavioralen Therapie der Borderline-Persönlichkeitsstörung" von Marsha Linehan (1996b). An dieser Stelle möchte ich nur eine Übung nennen, die meiner Erfahrung nach auch bei Spannungsgraden jenseits der 70 noch durchführbar ist und mir und meinen Patienten schon oft geholfen hat: die „3-2-1-Übung" (s. Abschnitt 4.5, S. 158). Schließlich beschreibe ich einige spielerische Achtsamkeitsübungen, die man mit einem Partner oder einer Partnerin bzw. mit einer Gruppe von Leuten wie einer Therapiegruppe durchführen kann.

Daran anknüpfend möchte ich den gewagten Versuch unternehmen, einige Anregungen zur Pflege von Humor zu geben. Auch wenn es vielleicht zunächst überraschend bis befremdlich scheinen mag, eine humorvolle Haltung „einzuüben". Wahrscheinlich geht das tatsächlich nicht. Aber ich denke, wir können günstige Wachstumsbedingungen für dieses zarte Pflänzchen herstellen. Und so sind die beschriebenen Übungen bzw. Spiele als Einladung zu verstehen, mit unterschiedlichen Betrachtungsweisen zu experimentieren, um sich selbst und die „Gesamtsituation" mal etwas weniger ernst zu sehen.

4.1 Meditation: Zunächst ganz formlos

Fangen wir erst mal ganz formlos an. Du liest ein Buch.[12] Vielleicht hältst du es in deinen Händen, die dir sein Gewicht verraten. Oder es liegt vor dir und du spürst die Oberfläche der Seite, die gerade aufgeschlagen ist. Wahrscheinlich sitzt oder liegst du. Und wenn du ein wenig aufmerksam bist, nimmst du das Gewicht deines Körpers auf der Unterlage wahr – auf dem Stuhl, dem Bett oder was auch immer. Während dein Blick Wort für Wort und Zeile für Zeile über den Text läuft, strömt die ganze Zeit dein Atem ein und aus – hoffe ich jedenfalls! Eventuell spürst du auch Körperregionen, die gerade etwas weniger im Zentrum sind: warme oder kalte Füße, deine Ohren oder deine Nasenspitze. Lass dich ruhig überraschen, welche Teile deines Körpers sonst noch zu dir sagen: „Ich bin da!"

Da deine Ohren nicht verschlossen sind, wirst du Geräusche mitbekommen: die leise Berührung der Seite mit deinen Fingern, deinen Atem, einen zwitschernden Vogel, sprechende Menschen oder vielleicht ein Fahrzeug, das gerade draußen vorbeifährt. Wenn du nicht gerade Schnupfen hast, wird deine Nase Gerüche aufnehmen. Sanfte, kaum wahrnehmbare Düfte, die in der Luft liegen, oder auch etwas strengere, wie die deiner Socken, die du vielleicht mal wieder wechseln könntest. Und in deinem Mund wirst du möglicherweise etwas schmecken. Da du als achtsamkeitsinteressierte Person natürlich nicht neben dem Lesen isst, könnten das ganz zarte Geschmacksnoten sein, vom Tee oder Kaffee, den du vorhin getrunken hast, oder von der Zahnpasta, die beim Badritual zum Einsatz kam. Wenn es früh am Morgen ist und du noch nicht zum Zähneputzen gekommen bist, könnte auch eine strengere

---

12 Ich wechsle hier zum Du, weil mir das persönlicher scheint.

Geschmacksvariante dabei sein. Ich hoffe für dich, dass du gestern keinen Knoblauch gegessen hast!

Neben dem Strom der Körperempfindungen und der anderen Sinne (Sehen, Hören, Riechen, Schmecken) gibt es den Strom der Gedanken. Zum einen stoßen die Wörter dieses Textes deine Gedanken an. Zum anderen tauchen vielleicht auch noch ganz andere Blasen mit Wörtern oder Bildern in deinem Geist auf. Das können Gedanken darüber sein, was du als Nächstes machen wirst, irgendwelche Erinnerungen an vergangene Erlebnisse oder Kommentare zu dem, was du hier liest. So ist das eben – wie in der Badewanne. Da gibt es auch immer wieder neue Blubberbläschen, die zerplatzen, kurz nachdem sie die Wasseroberfläche erreicht haben. Mach ruhig mal das Experiment und schau, welche Gedanken dir in den Sinn kommen, wenn du ein paar Atemzüge lang nicht liest und nur geradeaus blickst. Der Atem bleibt dabei weiterhin spürbar. Er ist sozusagen die Sicherheitsleine oder der Anker, der uns in der Gegenwart hält, Moment für Moment. Vielleicht möchtest du das mal ausprobieren. Also lass das Lesen kurz sein und halte für ein Weilchen inne ...

Der Gedankenfluss ist auch begleitet von Gefühlen und einer etwas weitläufigeren Stimmung, in der du dich gerade befindest. Auch die Gefühle ändern sich stetig. Vielleicht hat dich die eine oder andere Passage im Text amüsiert, vielleicht bist du auch gerade traurig oder enttäuscht, weil du merkst, dass es gar nicht so leicht ist, ganz im Hier und Jetzt zu verweilen. Du könntest auch ärgerlich sein, weil du das alles hier so trivial findest oder weil dich irgendjemand unfair behandelt hat. Oder es ist gerade Angst in dir – dass irgendetwas in der Zukunft schiefgehen oder dich jemand verlassen könnte. Diese Gefühle machen das Kopfkino erst so richtig real und verleiten uns dazu, „einzusteigen", uns mit den ganzem Schauspiel zu identifizieren. Möglicherweise kannst du auch die Gefühle für den

Moment so belassen, wie sie sind, ohne ihnen aus dem Weg zu gehen, sie zu kontrollieren oder zu bekämpfen. Es sind halt einfach Gefühle, nicht mehr und nicht weniger.

Und der Atem ist immer noch da, ebenso wie die anderen Empfindungen in deinem Körper. Vielleicht magst du dich mal auf das Experiment einlassen, wirklich alle Erwartungen oder Wünsche aufzugeben, wo dich das hinführen könnte oder was das bringen soll. Wenn du im Urlaub am Meer den Wellen zusiehst, tust du das schließlich auch nicht, um etwas Besonderes damit zu bezwecken oder zu erreichen. Du siehst eben zu – Welle für Welle. Du kannst den Atem das Meer sein lassen. Welle für Welle, Atemzug für Atemzug. Das ist alles. Du bist da – ganz bei Sinnen!

4.2 Traditionelle Achtsamkeitsübungen

4.2.1 Sitzmeditation

Die wohl älteste und traditionellste Art und Weise, Achtsamkeit zu üben, ist sicherlich die Sitzmeditation. Im Zen nennt man sie Zazen. Im Grunde ist Meditation im Sitzen einfach nur Sitzen, doch ganz wach und mit ganzem Herzen. Tatsächlich besteht eine gewisse Gefahr, das Ganze als „Meditation" zu etwas Besonderem und Exklusivem zu machen und damit den Anfängergeist einzubüßen. Damit gehen die Frische, Offenheit und Inspiration verloren, die bei dieser Praxis meines Erachtens sehr wichtig sind.

Die Sitzhaltung, die man dabei einnimmt, sollte aufrecht und mühelos sein und eine natürliche Würde vermitteln. Der Scheitel ist etwas nach oben gerichtet, als würde er zum Himmel streben. Die Schultern können dadurch locker losgelassen werden und nach hinten-unten sinken, sodass Ohren, Schultern und Hüften eine senkrechte Linie bilden und die Wirbelsäule sich mühelos selbst trägt. Die Hände ruhen ganz entspannt auf den Oberschenkeln oder im Schoß. Als Basis der Sitzhaltung dienen immer drei Punkte, da drei Stützen immer einen soliden Stand gewährleisten, ohne zu wackeln – wie bei einem Kamerastativ. Sitzt man auf einem Stuhl, stehen die Füße fest auf dem Boden und das Gesäß ruht auf dem vorderen Stuhldrittel. Wenn man ohne Anlehnen sitzen kann, fördert das zusätzlich die Präsenz. Bereitet das große Mühe, kann man sich natürlich auch anlehnen. Der Rücken sollte jedoch unbedingt gerade sein. Das Kreuzbein ist senkrecht aufgerichtet, und man sitzt auf den Sitzhöckern, die von der Natur praktischerweise genau zu diesem Zweck erfunden wurden.

Fühlt man sich in einer knienden Position komfortabler und stabiler, so sollte man die Fußgelenke mit einem Meditationsbänkchen oder einem Sitzkissen (s. Abb. 4-1) entlasten, das zu diesem Zweck am besten quer aufgestellt wird.

Wer es noch etwas bodenständiger oder besser: „bodensitziger" mag, kann sich auf das Meditationskissen setzen und die Beine voreinander auf dem Boden ablegen. Günstiger als der Schneidersitz, bei dem man sich die Adern in den Beinen

Abb. 4-1
Meditationsplatz
mit Sitzkissen

etwas abdrückt (wodurch sie einem bis zur Gefühllosigkeit einschlafen können), ist die sogenannte „burmesische Sitzweise". Dabei liegen beide Unterschenkel (wenn möglich) flach auf der Unterlage auf, die Fersen sind nahe dem Schritt. Gegebenenfalls kann man die Knie hierbei mit einem kleineren Stützkissen unterpolstern, damit man wieder drei feste Punkte als Basis hat: Knie, Knie, Gesäß. Um das Kreuzbein aufzurichten, ist es auch in dieser Position empfehlenswert, nicht genau in der Mitte des Kissens zu sitzen, sondern eher auf der vorderen Hälfte.

Für Menschen mit etwas geschmeidigeren Beinen gibt es schließlich noch den halben und den vollen Lotussitz. Beim halben Lotussitz liegt zum Beispiel das linke Fußgelenk auf dem rechten Oberschenkel, der rechte Fuß liegt wie beim burmesischen Sitz mit der Ferse vor dem Schritt. Im vollen Lotussitz liegen das rechte Fußgelenk auf dem linken Oberschenkel und das linke Fußgelenk auf dem rechten. Diese Sitzvariante ist sicherlich die stabilste, verwandelt westliche Beine jedoch im Handumdrehen zu einem leblosen Stück Treibholz.

Haben wir erst einmal eine mühelose und stabile Sitzhaltung eingenommen, lassen wir den Atem ganz natürlich durch die Nase ein- und ausströmen. Wenn wir den Bauch entspannen, wird der Atem von selbst tiefer und ruhiger werden. Wir sollten es jedoch vermeiden, allzu technisch an die Sache heranzugehen oder daraus gar eine „Atemtechnik" zu machen. Dann wären wir wieder geschäftig im Tun und Kontrollieren – also dasselbe, was wir immer machen, in Grün.

Und was machen wir jetzt? Nichts. Absolut nichts. Wir verfolgen kein Ziel, unterlassen alles Streben nach Ruhe, Konzentration, Erleuchtung oder was auch immer wir damit meinen erreichen zu müssen. Da gibt es kein Richtig, kein Falsch, kein Gelingen, kein Scheitern, keine besonderen Vorkommnisse, kein Entertainment. Wir nehmen nur den Atem wahr, wie er ein- und ausströmt, und den Körper, der aufrecht und würdevoll sitzt. Kommen Gedanken, so registrieren wir sie zwar als solche, unternehmen aber nichts gegen sie und verfolgen sie auch nicht weiter. Es sind halt einfach Gedanken. Punkt. Genauso machen wir es mit den Gefühlen und Körperempfindungen (neben dem Atem), die möglicherweise auftauchen. Registrieren, berühren, loslassen, weitergehen. Schweift unsere Aufmerksamkeit vom Atem ab, nehmen wir das wahr, ohne großes Aufhebens darum zu machen und ohne Urteil, und bringen sie wieder ganz liebevoll zurück. So wie wir ein kleines Kind freundlich an der Hand nehmen und es stützen, wenn seine Schritte wackelig werden. Um beim Atem als Anker und „heißen Draht" in die Gegenwart zu bleiben, kann es hilfreich sein, unsere Atemzüge zu zählen: einatmen – „eins", ausatmen – „eins", einatmen – „zwei", ausatmen – „zwei" usw. Aber immer nur bis „zehn", dann wieder von vorne. Ebenso beginnen wir wieder bei „eins", wenn wir mal den Faden verlieren sollten.

Entscheidend ist aus meiner Sicht tatsächlich das Wort „freundlich". Ich selbst habe mich früher immer sehr darüber geärgert, wenn ich nicht hundertprozentig konzentriert beim Atem bleiben konnte. Was ich dabei nicht bemerkte, war, dass ich unbewusst und ungewollt aus der Achtsamkeitsmeditation einen leistungsorientierten Konzentrationssport gemacht habe! Und in dem Moment, in dem einem auffällt, dass man gerade nicht mehr bei der Sache war – ist man da achtsam oder nicht? Natürlich! Und genau deshalb könnte es auch eher ein Anlass sein, sich zu beglückwünschen und zu freuen: „Ich bin wieder da!" Aus lerntheoretischer Sicht ist es durchaus plausibel, in dieser Weise zu verfahren. Jeder, der einem jungen, streunenden Hund das Fortlaufen abgewöhnen will, muss sich fragen: Sollte man den gerade zurückkehrenden Vierbeiner für sein Fortlaufen ausschimpfen oder doch besser mit

Freude herzlich willkommen heißen? Erstes wird er als Strafe für das Zurückkommen verbuchen und folglich noch öfter ausbüchsen, Zweites als Belohnung, die es ihm attraktiver macht, zu Hause zu bleiben. Genauso ist das auch bei unserem Geist!

Der tibetische Meditationsmeister Chögyam Trungpa (2007, S. 34) erklärt die Praxis der Sitzmeditation folgendermaßen:

> *„Bei dieser Übung sitzt man da und richtet seine Aufmerksamkeit gelassen und achtsam auf den Atem. Der zweite Schritt bei der Meditationspraxis besteht darin, zu bemerken, wenn die Aufmerksamkeit vom Atem abgeschweift ist, und sie wieder zum Atem als dem Bezugspunkt zurückzubringen. Man nimmt eine Haltung reiner Aufmerksamkeit gegenüber den verschiedenen Phänomenen ein, die während der Übung in Körper und Geist aufsteigen, einschließlich aller Gedanken, Gefühle und Empfindungen. Man könnte Meditation einen Weg nennen, Freundschaft mit sich selbst zu schließen, weil sie eine aggressionsfreie Form des Erlebens darstellt. Tatsächlich lautet die traditionelle Bezeichnung für Meditation ‚friedliches Verweilen‘. Somit ist die Praxis der Meditation ein Weg, das eigene Dasein von Grund auf zu erfahren, jenseits aller Verhaltensmuster.“*

4.2.2 Gehmeditation

So wie Sitzmeditation einfach nur Sitzen ist, bedeutet Gehmeditation einfach nur zu gehen. Aber ganz wach. Man kann diese Übung draußen wie drinnen durchführen, auf einem schönen Weg in der Natur oder in den eigenen vier Wänden im Kreis schreiten bzw. eine Bahn vorwärts und eine Bahn rückwärts. Halte deinen Rücken dabei wieder gerade und richte dich auf – den Scheitel „zum Himmel". Der Blick ist gesenkt und ruht einige Meter vor dir auf dem Boden. Mach langsame, entspannte Schritte. Wenn sich dabei ein harmonischer Rhythmus mit deinem Atem ergibt, so ist das fein, aber du solltest das nicht erzwingen. Lass deinen Schwerpunkt tief in den Bauch sinken. Ob du große oder kleine, sichere oder auch wackelige Schritte machst, ist unerheblich.

Richte deine Aufmerksamkeit auf das Aufsetzen, Abrollen und Anheben deiner Fußsohlen, registriere die Gewichtsverlagerung und die Bewegung an sich. Du kannst deine Schritte mit der Achtsamkeit auf den Atem verbinden. Jedes Mal, wenn du bemerkst, dass dein Geist nicht mehr beim Gehen ist, nimm es einfach zur Kenntnis und bring ihn liebevoll zurück. Gehe nur, um zu gehen – der Weg ist das Ziel! Das ist im Grunde genommen wie beim Schlendern: Da gehst du auch nicht, um möglichst schnell irgendwo anzukommen, sondern genießt das Gehen selbst und den Umstand, dass du nirgendwo hineilen musst. Du kannst ganz da sein, wo du bist: im Hier und Jetzt.

Lass dein Gewahrsein ganz weit und offen sein. Wenn du eine Person an deiner Seite hättest, die dich verzaubert und deren Hand du beim Schlendern hältst, so wärst du dir dieser Berührung die ganze Zeit bewusst. Und trotzdem könntest du auch alle Dinge in den Schaufenstern sowie die entgegenkommenden Menschen registrieren. Das eine schließt das andere nicht aus. Doch bleibt ein Teil deiner Aufmerksamkeit in stetem Kontakt mit dem Boden, so als würdest du bei jedem Schritt ein kurzes „Hallo!" an die Erde schicken – wie beim Händedruck. Diese Übung ist im wahrsten Sinne des Wortes „bodenständig", weil du ständig auf dem Boden bleibst, anstatt mit dem Kopf in den Wolken deinen Körper im Zombiewalk durch die Gegend zu schleppen.

4.2.3 Meditation im Liegen: Der Bodyscan

Der Bodyscan ist eine Achtsamkeitsübung, die gewöhnlich im Liegen durchgeführt wird. Sie ist eine der Kernübungen aus den Programmen MBSR und MBCT (s. Abschnitt 2.1 bzw. Abschnitt 2.5). Diese „systematische Empfindungsbeobachtung" (engl. „body sweeping") wird manchmal auch als „Körperreise" bezeichnet und geht auf den burmesischen Meditationslehrer U Ba Khin (1899–1971) aus der Tradition des Theravada-Buddhismus zurück. Dabei wird der Körper mit wacher Aufmerksamkeit systematisch durchwandert und Region für Region erfahren. Ganz gleich, ob die hierbei wahrgenommenen Körperempfindungen angenehm, unangenehm oder neutral sind, werden sie mit der gleichen interessierten und offenen inneren Haltung erforscht. Mit den auftauchenden Gedanken und Gefühlen wird wie in der Sitz- oder Gehmeditation verfahren: zur Kenntnis nehmen und wieder loslassen.

Die Reihenfolge, in der man die verschiedenen Körperregionen durchwandert, ist dabei Nebensache. Was zählt, ist die wertungsfreie, erforschende und offene innere Haltung. Insbesondere am Anfang ist es einfacher, wenn man sich bei dieser Übung anleiten lässt, bis man eine feste Reihenfolge drin hat. Hierzu gibt es sehr schöne Anleitungen im Handel. Empfehlenswert ist zum Beispiel die von Ulrike Kesper-Grossmann gesprochene Version auf der CD-Beilage des Buches „Stressbewältigung durch die Praxis der Achtsamkeit" (Kabat-Zinn 1999). Dieses kleine Büchlein bietet eine schöne und knappe Einführung in das Thema Achtsamkeit im Allgemeinen und das MBSR-Programm im Besonderen.

Ich möchte im Folgenden eine mögliche Abfolge für den Bodyscan beschreiben, die man sich – je nach Medien-Generation, der Sie angehören – zum Beispiel auf eine CD oder einen MP3-Track sprechen oder auch in groben Zügen auswendig lernen kann[13].

Leg dich auf dein Bett oder eine Matte und mach es dir mit Kissen und einer Decke ganz bequem. Gib dir die Zeit, die du brauchst, um mit ganzem Herzen hier, an diesem Ort, anzukommen und dich in deiner Haltung einzufinden. Du kannst deine Augen gerne schließen, wenn das angenehm für dich ist. Wir machen nun eine kleine Reise durch den Körper, und du brauchst mit deiner Aufmerksamkeit nur in die entsprechenden Regionen zu folgen. Lass dich einfach überraschen, was dir auf dieser Reise so alles begegnet. Nimm alles mit einer offenen, interessierten und freundlichen inneren Haltung an.

Registriere alle Empfindungen, die dein Körper aussendet – seien sie angenehm, unangenehm oder neutral – und heiße sie gleichermaßen willkommen. Das können Empfindungen von Wärme oder Kälte sein, Leichtigkeit oder Schwere, Kribbeln, Prickeln, Jucken, Druck, Entspannung oder was auch immer. Möglicherweise begegnen dir auch Gefühle wie Gelassenheit und Freude oder Langeweile, Ungeduld und Widerwillen. Es ist, wie es ist. Du kannst dich jederzeit aufrichten und im Sitzen weiterüben, wenn du schläfrig wirst.

Bestimmt wirst du hin und wieder mit deinen Gedanken abschweifen und in die eine oder andere Geschichte einsteigen, die dein Kopf produziert. Nimm das einfach nur wahr. Du kannst auch sagen: „Ah, Gedanke" oder „Ah, Denken". Lass deine Aufmerksamkeit dann wieder zurückkehren zum

---

13 Diese in unserer Klinik verwendete und von meiner Kollegin Christel Hillen gesprochene Version des Bodyscan sowie weitere Audio-Anleitungen für die Sitzmeditation (s. Abschnitt 4.2.1) und die Yoga-Übungen (s. Abschnitt 4.2.4) können über www.mbsr-hillen.de bezogen werden.

Körper. Es gibt in dieser Übung nichts Besonderes zu tun oder zu erreichen. Alles ist bereits hier, jetzt, an diesem Ort. Du musst nichts leisten, darfst einfach so sein, wie und was du gerade bist.

Und nun richte deine Aufmerksamkeit ganz allmählich auf den Atem. Du kannst durch die Nase ein- und ausatmen und brauchst an deinem Atem nichts zu verändern, zu kontrollieren oder zu „verbessern". Er darf genau so sein, wie er ist. Wenn er sich von selbst verändert, ist das natürlich in Ordnung. Lass uns die Empfindungen beim Einatmen und beim Ausatmen wahrnehmen – Atemzug für Atemzug. Einatmend das Einatmen spüren, ausatmend das Ausatmen spüren. Vielleicht gibt es da Empfindungen an deiner Bauchdecke, die sich beim Einatmen sanft hebt und beim Ausatmen wieder senkt. Du kannst bei jedem Ausatmen ein Stück von deinem Körpergewicht an die Unterlage abgeben.

Lass uns nun herunterwandern zum linken Bein und nachsehen, wie es sich dort gerade anfühlt. Jetzt gehen wir etwas ins Detail und spüren den linken großen Zeh, den daneben, den in der Mitte, den daneben und den kleinen Zeh. Wenn du an der einen oder anderen Stelle nichts spürst, so ist das eben so. Du brauchst nichts zu erzwingen. Registriere einfach, dass es so ist. Von den Zehen lassen wir die Aufmerksamkeit sich ausdehnen auf die ganze Fußsohle. Vielleicht gibt es da Empfindungen von Wärme oder Kälte, Trockenheit oder Feuchtigkeit, vielleicht auch Berührungsempfindungen von deiner Socke. Schau einfach, was da ist. Dann gehen wir rauf zum Fußrücken, zur Ferse, die vielleicht den Boden berührt. Und jetzt spüren wir das Fußgelenk, die Haut außen herum, die Knöchel. Möglicherweise gibt es sogar Empfindungen im Inneren des Fußgelenks. Dann lassen wir den inneren Scheinwerfer weiter wandern in den linken Unterschenkel, bestehend aus Schienbein und Wade. Auch hier nehmen wir alle

Empfindungen außen an der Haut wahr, Empfindungen von den Sehnen und Muskeln und vielleicht auch welche ganz aus dem Inneren des Unterschenkels. Lass uns weiter zum Knie gehen, die Außenseiten des Knies spüren, die Kniescheibe und die Kniekehle. Dann nehmen wir den Oberschenkel wahr – die ganze Länge vom Knie bis rauf zur Leiste und zur Hüfte. Es ist nicht nötig, sich anzustrengen. Sei einfach wach und empfangsbereit wie eine Antenne, die aus den jeweiligen Körperregionen empfängt, was dort gesendet wird – von ganz alleine. Du musst nichts leisten oder erreichen.

Lass uns nun sanft herübergehen zu unserem rechten Bein. Wie fühlt es sich dort gerade an? Auch hier spüren wir den rechten großen Zeh, den daneben, den Zeh in der Mitte, den daneben und den kleinen Zeh. Die Fußsohle wahrnehmen. Und dann den Fußrücken, die Ferse, das Fußgelenk, den Unterschenkel mit Schienbein und Wade. Gehen wir nun zum Knie und nehmen dort die Außenseiten wahr, die Kniescheibe und die Kniekehle. Lass uns den Oberschenkel spüren, die ganze Länge bis zur Leiste und zur Hüfte. Du kannst dich von jedem Atemzug wieder zurückbringen lassen in diesen Moment, in deinen Körper.

Lass uns jetzt weiterschlendern zu unserem Rumpf. Wie fühlt es sich hier gerade an? Da können wir den Beckenboden spüren, die gesamte Umgebung des Beckenbodens, die linke Beckenseite, die rechte Beckenseite und den Raum dazwischen. Nehmen wir die Genitalien wahr, den Anus, das Gesäß, das Steißbein und das Kreuzbein. Den unteren Rücken spüren, den mittleren Rücken und die gesamte Bauchregion, von der Mitte bis zu den Seiten. Vielleicht spürst du, wie sich die Bauchdecke beim Ein- und Ausatmen sanft hebt und wieder senkt. Richten wir die Aufmerksamkeit nun auf den oberen Bauch, den Magen, die unteren Rippenbögen und das Herz. Den Brustkorb wahrnehmen. Vielleicht gibt es auch dort ein sanftes Heben und Sich-Senken mit der Atmung. Dann nehmen wir den oberen Brustbereich wahr, die Schlüsselbeinregion, die Schultern, die Schulterblätter und den Raum dazwischen.

Möglicherweise kommen wir auch mal an „Problemzonen" vorbei, an schmerzhaften Körperbereichen oder solchen, die mit unangenehmen Empfindungen verbunden sind. Lass uns dann ganz sanft und behutsam in diese Bereiche hineinatmen und offen annehmen, was dort vorzufinden ist. Beim Ausatmen kannst du vielleicht alle Erwartungen und Vorstellungen loslassen, die besagen, dass sich dort gleich etwas verändern muss. Bleib wach und bewusst für das, was ist, von Moment zu Moment.

Lass uns nun hinuntergehen zu unserer linken Hand und nachsehen, wie es sich hier anfühlt. Spüren wir den Daumen, den Zeigefinger, den mittleren Finger, den Ringfinger und den kleinen Finger. Die Aufmerksamkeit von den Fingern sich ausdehnen lassen auf die Handfläche, den Handrücken, das Handgelenk und die Hand als Ganzes – alle Empfindungen zusammen. Gehen wir dann zum Unterarm, den Ellenbogen und die Ellenbeuge spüren, und zum Oberarm. Schau immer wieder mal nach, ob du noch ganz da bist oder ob du in deine Gedanken, deine Träume eingestiegen bist. Lass los, wenn es so ist, und komm wieder zurück – zu dieser Einatmung, dieser Ausatmung, so wie sie jetzt gerade ist.

Gehen wir nun rüber zur rechten Hand und nehmen wahr, wie es sich hier gerade anfühlt. Spüren wir den Daumen, den Zeigefinger, den mittleren Finger, den Ringfinger und den kleinen Finger. Die Aufmerksamkeit sich ausweiten lassen auf die Handfläche. Den Handrücken wahrnehmen, das Handgelenk und die rechte Hand als Ganzes, als Einheit. Den Unterarm spüren, den Ellenbogen, die Ellenbeuge und den Oberarm. Alle Körperempfindungen wahrnehmen, so wie sie in diesem Moment sind ... und in diesem Moment und in diesem Moment.

Kommen wir nun zur Kopfregion. Wie fühlt es sich hier gerade an? Den Nacken spüren, die Kehle, das Kinn und den Rachen. Nehmen wir den Unterkiefer und den Oberkiefer wahr. Und die Zunge. Erlaube der Zunge, ganz frei und gelöst im Mundraum zu ruhen. Den Mund und die Lippen wahrnehmen, die Zähne und das Zahnfleisch. Die Wangen und die Ohren spüren – die Ohrmuscheln und die Gehörgänge. Den Hinterkopf wahrnehmen, den Scheitel, die Stirnregion, die Augen, die Augenlider und die gesamte Umgebung der Augen, die Nase und die Nasenflügel. Fühle, wie die Atemluft in die Nase ein- und wieder ausströmt.

Lassen wir den Atem nun durch den ganzen Körper fließen. Du kannst dir dazu vorstellen, wie dein Atem durch die Fußsohlen einströmt, durch deinen Körper hindurchfließt und aus deinem Scheitelpunkt wieder ausströmt, um dann beim nächsten Atemzug durch den Scheitelpunkt einzuströmen, durch den Körper hindurch und aus den Fußsohlen wieder heraus. Nimm deinen ganzen Körper mit der Atmung wahr – von unten nach oben und von oben nach unten.

Sei ganz wach. Vielleicht kannst du alles so annehmen, wie es in diesem Moment gerade ist. Es ist einfach so. Du darfst genau so sein, wie du gerade bist, mit all deinen persönlichen Vorlieben, Ängsten und Neigungen. Spüre den Körper als Ganzes und sei dir bewusst, dass du so, wie du bist, ganz, heil und vollkommen bist. Und dieses Ganzsein schließt alles ein, was du erlebst: Freud und Leid, Anspannung und Entspannung, Wohlgefühl und Schmerz, Krankheit und Gesundheit, Erfolg und Misserfolg. Es kann durch nichts verloren gehen.

Nehmen wir nun noch einmal den Körper als Ganzes wahr. Lass uns den Kontakt mit der Unterlage spüren, den Kontakt mit der Kleidung, die den Körper bedeckt, und den

Kontakt mit der Luft, die uns umgibt. Dann die Aufmerksamkeit ganz allmählich wieder mehr und mehr nach außen gehen lassen. Nimm den Raum wahr, in dem du dich befindest, und bewahre dir diese Ruhe und Präsenz in deinem Alltag. Lass langsam Bewegung in Finger und Fußspitzen kommen und mach vielleicht eine Bewegung, die dir jetzt gut tut.

4.2.4 Achtsame Bewegungsübungen: Yoga

Der Begriff „Yoga" kommt aus dem Sanskrit und bedeutet so viel wie „Vereinigung" oder „Integration", was sich unter anderem auf das Zusammenführen von Körper und Geist bezieht. Von außen betrachtet sehen Yoga-Übungen ja wie irgendwelche Gymnastikübungen aus. Der Unterschied zwischen Yoga als indische philosophische Lehre, die eine ganze Reihe unterschiedlicher geistiger und körperlicher Praktiken umfasst, und einer rein körperlichen Ertüchtigung, besteht darin, dass man die Körperhaltungen und Bewegungen mit voller innerer Präsenz und Hingabe ausführt. Man ist also ganz bei dem, was man macht, und nimmt alle dabei auftauchenden Empfindungen, Gefühle und Gedanken wahr. Insofern ist Yoga Meditation in Bewegung. Es kommt weniger darauf an, sich in irgendwelche Knoten und Verrenkungen zu zwängen (deren Auflösung dann nächste Stunde bekanntgegeben werden) als immer wieder gegenwärtig und „ganz bei Sinnen" zu sein. Und immerhin sind wir ja auch in unserem ganz normalen Alltag selten regungslos, sodass es durchaus Sinn macht, Achtsamkeit in Bewegung zu praktizieren.

Wenn Ihnen eine Übung in der beschriebenen Ausführung nicht bekommen sollte, so führen Sie sie entweder in abgewandelter Weise – etwa im Sitzen statt im Stehen – oder auch nur in Ihrer Vorstellung durch. Beginnen wir nun mit den Übungen.

Die illustrierten Anleitungen für alle hier beschriebenen Yogaübungen finden Sie zum Ausdrucken unter www.schattauer.de/3164

Yoga-Übungen im Liegen

1. Übung Leg dich auf den Rücken und strecke deine Beine aus. Die Füße dürfen locker nach außen fallen, und die Arme liegen entspannt  neben dem Körper – wenn es passt, mit den Handflächen nach oben. Du kannst deine Füße auch aufstellen, wenn das im Nacken und Lendenbereich angenehmer für dich ist.

Du darfst die Augen schließen und mit deiner Aufmerksamkeit nach innen gehen. Mit jeder Ausatmung kannst du dein Körpergewicht zunehmend an die Unterlage abgeben. Vielleicht ist es dir möglich, überflüssige Anspannung in deinem Körper loszulassen. Atme ruhig, ganz natürlich durch die Nase und nimm wahr, wo du den Atem in diesem Moment am deutlichsten spürst. Du brauchst an ihm nichts zu verändern. Lass deinen Atem einfach frei fließen. Wenn du bemerkst, dass deine Aufmerksamkeit abschweift, hole dich liebevoll zurück zu diesem Einatmen und diesem Ausatmen.

Lass allmählich Bewegung in deinen Körper kommen, beginnend mit den Fingern und Zehen, Händen und Füßen. Jetzt ruhig größere Bewegungen, bis zu einem Dehnen und Strecken, Räkeln und Recken.

2. Übung Mit der Einatmung führe die gestreckten Arme über den Kopf, bis die Finger in Richtung Decke zeigen. Verweile einen Moment und lass sie mit der  Ausatmung wieder in die Anfangsposition zurücksinken. Fahre mit der Übung im eigenen Atemrhythmus fort (1–2 Minuten).

Komm langsam zum Ende und spüre nach, wie sich dein Körper jetzt anfühlt.

3. Übung Zieh deine geschlossenen Beine an. Die Arme liegen seitlich ausgestreckt auf dem Boden, mit den Handflächen nach un-  ten. Mit der nächsten Ausatmung lass deine Beine geschlossen zur rechten Seite kippen, der Kopf dreht sich gleichzeitig zur linken Seite. Komm mit der nächsten Einatmung wieder in die Ausgangsposition zurück. Lass bei der nächsten Ausatmung deine geschlossenen Beine zur linken Seite gleiten und drehe gleichzeitig den Kopf nach rechts. Fahre mit der Übung im eigenen Atemrhythmus fort (2–3 Minuten). Wenn dir danach ist, kannst du ruhig auch eine Zwischenatmung machen.

Komm nun zum Ende, strecke ein Bein nach dem anderen aus und spüre, wie sich dein Körper jetzt anfühlt.

4. Übung Mit der nächsten Einatmung führe deine Arme über den Kopf nach hinten – so weit, wie es dir heute möglich ist. Mit der nächsten

Ausatmung lass deine Arme wieder in die Ausgangsposition zurückkehren. Spüre nach ... Mit der nächsten Einatmung die Arme wieder langsam nach hinten bringen und gleichzeitig das rechte Bein mit nach oben nehmen – die Fußsohle zeigt zur Decke.

Mit der nächsten Ausatmung die Arme und das rechte Bein wieder in die Ausgangsposition zurückkehren lassen. Mit der nächsten Einatmung die Arme wieder nach hinten bewegen und gleichzeitig das linke Bein nach oben führen, sodass die Fußsohle zur Decke zeigt. Ausatmend die Arme und das linke Bein in die Ausgangsposition zurückkehren lassen. Lass dein Gesäß so gut es geht dabei am Boden liegen. Gönne dir ruhig einige Atemzüge, bevor du in deinem eigenen Atemrhythmus fortfährst (2 Minuten).

Beende die Übung und spüre nach, wie sich dein Körper jetzt anfühlt.

5. Übung Gehe ganz aufmerksam über die Seite in den Vierfüßler-Stand. Die Finger zeigen nach vorne, Hände und Unterarme bilden

einen rechten Winkel. Deine Beine stehen etwa hüftbreit auseinander und dein Nacken ist lang. Führe dein Gesäß mit der Ausatmung nach hinten, in Richtung Fersen. Es ist nicht nötig, dass das Gesäß die Fersen berührt. Mache nur das, was heute ohne große Mühe geht. Zum Schluss senke die Stirn in Richtung Boden ab. Mit der Einatmung kehre wieder in die Ausgangsposition zurück. Hebe dabei zunächst deinen Kopf mit lang gestrecktem Nacken, dann deine Ellenbogen und das Gesäß. Fahre nun in deinem eigenen Atemrhythmus fort (2 Minuten).

Beende die Übung allmählich und lege dich wieder ganz bewusst auf den Rücken. Wie fühlt sich dein Körper gerade an?

6. Übung Umfasse nun mit deinen Händen die Unterschenkel kurz unterhalb deiner Knie. Ziehe mit der nächsten Ausatmung deine Knie in Richtung Brust. Und lass mit  der Einatmung deine Arme wieder lang werden, sodass sich deine Knie wieder entfernen. Führe die Übung im eigenem Atemrhythmus weiter fort – ausatmend die Knie zur Brust ziehen, einatmend die Knie von der Brust weggehen lassen (1 Minute).

Komme nun langsam zum Ende, stelle deine Füße auf und spüre nach, wie sich dein Körper in diesem Augenblick anfühlt (30 Sekunden).

7. Übung Stelle deine Beine auf, die Füße haben festen Bodenkontakt und stehen etwa hüftbreit auseinander. Die Arme liegen neben dem  Körper mit den Handflächen zum Boden. Du kannst deine Augen schließen, wenn das angenehm für dich ist. Führe mit der nächsten Einatmung deine Arme über den Kopf nach hinten und bring dein Becken gleichzeitig nach oben, so weit, wie es dir heute möglich ist. Schultern und Füße bleiben die ganze Zeit auf dem Boden. Kehre mit der nächsten Ausatmung in die Ausgangsposition zurück. Führe diese Übung wieder in deinem eigenen Atemrhythmus fort und gestatte dir gegebenenfalls die eine oder andere Zwischenatmung (1 Minute). Beende die Übung allmählich. Wie fühlt sich dein Körper gerade an (1 Minute)?

8. Übung Umfasse wieder deine Unterschenkel mit den Händen und führe aus dem Becken heraus kreisende Bewegungen aus, so als würden  deine Knie Kreise an die Decke malen (30 Sekunden). Wechsle auch mal die Richtung (30 Sekunden).

Lass die Übung zum Ende kommen und stelle deine Füße vor dem Gesäß ab oder strecke deine Beine langsam aus. Spüre nach, wie sich dein Körper anfühlt.

Deine Augen dürfen sich wieder schließen. Komm noch einmal ganz in diesen Moment: Du liegst hier und atmest. Einatmend das Einatmen wahrnehmen, ausatmend das Ausatmen spüren. Sei ganz wach bei deinem Atem. Folge seinen Bewegungen so, als würdest du den Wellen am Meeresstrand zuschauen. Spüre den ganzen Körper, wie er sich jetzt nach diesen achtsamen Bewegungsübungen anfühlt.

Nimm den Kontakt mit der Unterlage wahr, den Kontakt mit der Kleidung, die deinen Körper bedeckt, und den Kontakt mit der Luft, die dich umgibt. Dann die Aufmerksamkeit ganz allmählich wieder mehr und mehr nach außen gehen lassen.

Nimm den Raum wahr, in dem du dich befindest, und bewahre dir diese Ruhe und Präsenz in deinem Alltag.

Lass allmählich Bewegung in deinen Körper kommen, beginnend mit den Fingern und Zehen, Händen und Füßen, jetzt kannst du ruhig größere Bewegungen machen, bis zu einem Dehnen und Strecken, Räkeln und Recken.

Yoga-Übungen im Stehen

1. Übung Nimm eine bequeme Haltung im Stehen ein. Die Arme hängen ganz entspannt herunter, und deine Beine stehen etwa hüftbreit auseinander. Lass deine Knie leicht gebeugt, der Scheitel zeigt nach oben. Nimm wahr, wie deine Füße den Boden berühren. Du kannst deine Augen gerne schließen, wenn das angenehm für dich ist. Sei wach und spüre einfach in deinen Körper hinein. Es kann sein, dass du ganz leichte, kreisende Bewegungen wahrnimmst, mit denen du für ein paar Momente mal mitgehen kannst. Spüre erneut nach.

Komme nun zum Ende. Was empfindest du gerade jetzt in deinem Körper?

2. Übung Führe bei der nächsten Einatmung deine gestreckten Arme über vorne nach oben, so weit, wie es heute für dich ohne Anstrengung möglich ist. Vielleicht gibt es da eine kleine Lücke zwischen der Ein- und Ausatmung. Lass deine Arme mit der Ausatmung wieder langsam in die Ausgangsposition zurückkehren. Fahre im eigenen Atemrhythmus fort.

Komme nun zum Ende und spüre nach, wie sich dein Körper anfühlt.

3. Übung Hebe deine gestreckten Arme mit der nächsten Einatmung wieder nach vorne, bis sie zum Horizont weisen. Kreuze ausatmend die gebeugten Unterarme vor deiner Brust, die Handflächen zeigen zu dir. Öffne die Arme mit der nächsten Einatmung zur Seite. Senke sie dann beim Ausatmen wieder nach unten ab. Setze die Bewegung in deinem Tempo fort und überprüfe, ob du ausschließlich deine Arme

hebst oder vielleicht unnötigerweise die Schultern mitnimmst. Beende diese Übung und spüre nach, wie sich dein Körper jetzt anfühlt. Überprüfe, ob das Stehen noch mühelos geht oder ob du lieber im Sitzen weiterüben möchtest.

4. Übung Wende deinen Blick zu deiner rechten Hand, auf die Fingerkuppe des rechten Mittelfingers. Führe beim Einatmen deinen rechten ausgestreckten Arme über vorne nach oben – nur so weit, wie es dir heute möglich ist. Lass deinen gestreckten Arm beim Ausatmen wieder ganz langsam runtergehen. Verweile mit deiner Aufmerksamkeit und mit deinem Blick bei der Fingerkuppe des rechten Mittelfingers. Wiederhole die Übung nun zur anderen Seite

und dann immer im Wechsel. Überprüfe auch bei dieser Übung, was deine Schultern machen. Bleiben sie locker, oder hebst du sie mit hoch?
Komme nun zum Ende und schau, wie sich dein Körper jetzt anfühlt.

5. Übung Hebe deine Arme mit der näch-
sten Einatmung seitlich bis in die Horizon-
tale. Drehe deinen Oberkörper und deinen
Kopf beim Ausatmen nach links, die Hüfte
bleibt gerade ausgerichtet. Lass deine rechte
Hand in einer kreisförmigen Bewegung zur
linken Hüfte gehen, die linke Hand mit dem
Handrücken zum Gesäß. Führe nun mit der
nächsten Einatmung die Arme auf der gleichen Bahn zurück, bis sie wieder seitlich
ausgestreckt sind. Lass sie mit der nächsten Ausatmung wieder absinken. Wiederhole die Übung nun zur anderen Seite
und dann im Wechsel rechts und links – in deinem Atemrhythmus.
Beende die Übung ganz allmählich. Wie fühlt sich dein Körper nun an?

6. Übung Hebe deine Arme einatmend
über die Seite nach oben, bis sich die Hand-
flächen berühren. Lass deine gefalteten
Hände mit der Ausatmung vor die Brust absinken. Einatmend wieder nach oben strecken, ausatmend die Arme seitlich herun-
terführen und zurück in die Ausgangsposition. Setze diese Übung in deinem eigenen
Atemrhythmus fort.
Komme nun zum Ende und spüre nach, wie
sich dein Körper anfühlt.

7. Übung Führe deine Arme mit der nächsten Einatmung über die Seite nach oben. Beuge deinen Rumpf mit geradem Rücken bei der nächsten Ausatmung nach vorne – so weit, wie es dir heute möglich ist. Und lass die Arme über vorne nach unten gehen. Die Knie sind dabei angewinkelt.

Lege deine Hände bei der Einatmung auf die Oberschenkel und richte dich mit ihrer Unterstützung beim Ausatmen ganz behutsam – Wirbel für Wirbel – wieder auf.

Achte darauf, dass du auch in der Ausgangsposition in den Knien locker bleibst. Wiederhole diese Übung einige Male in deinem eigenen Atemrhythmus.

Beende die Übung und spüre nach, wie es sich jetzt in deinem Körper anfühlt.

8. Übung Komm ganz aufmerksam vom Stehen in eine liegende Position auf dem Rücken. Du kannst die Beine entweder strecken oder

angewinkelt aufstellen. Deine Arme liegen entspannt neben deinem Körper, oder du legst die Hände auf deinen Bauch. Lass deine Augen sich schließen, wenn es dir angenehm ist. Spüre die Empfindungen des Einatmens, während du einatmest, und die Empfindungen des Ausatmens, während du ausatmest, mit wacher und interessierter Aufmerksamkeit. Folge diesen Bewegungen so, als würdest du den Wellen am Meeresstrand zuschauen. Nimm den ganzen Körper wahr, wie er sich jetzt nach diesen achtsamen Bewegungsübungen anfühlt.

Spüre den Kontakt mit der Unterlage, den Kontakt mit deiner Kleidung, den Kontakt mit der Luft, die dich umgibt. Lass deine Aufmerksamkeit nun wieder mehr und mehr nach außen gehen. Nimm den Raum wahr, in dem du dich befindest, und bewahre dir diese Ruhe und Präsenz in deinem Alltag.

Lass allmählich Bewegung in deinen Körper kommen, beginnend mit den Fingern und Zehen, Händen und Füßen, mache jetzt ruhig größere Bewegungen, bis zu einem Dehnen und Strecken, Räkeln und Recken.

4.2.5 Hörmeditation: Auf Klang gerichtete Achtsamkeit

Das gewöhnliche Alltagsbewusstsein unterscheidet sich vom meditativen Gewahrsein dadurch, dass es gänzlich nach außen gerichtet ist und dadurch ganz von seinen Objekten eingenommen wird. Wir hören z. B. einen Vogel und mögen das Gezwitscher oder vernehmen irgendein Musikstück im Radio und lehnen es ab. Und bisweilen ist man sich vielleicht nicht ganz sicher, ob etwas als „gut" oder „schlecht" gewertet werden soll. Was diese Form des Bewusstseins übersieht, ist der Umstand, dass da Bewusstsein ist – quasi als Hintergrund oder Träger der Erfahrung. Wäre das nicht so, wüssten wir nichts von unseren Erfahrungen und könnten auch nicht davon berichten. Anders ausgedrückt: Von allem, was wir erfahren, müssen wir auch irgendwie wissen. Sonst wäre es eben kein Bestandteil bewusster Erfahrung.

In der Meditation sind wir uns hingegen nicht nur der Wahrnehmungsobjekte bewusst – Sichtbares (Farben und Formen), Klang, Geruch, Geschmack, Tastobjekte –, sondern wir registrieren auch die Bewusstheit selbst. Wir wissen, dass wir sehen, hören, riechen etc. Wenn wir abdriften und ins Träumen kommen, so wird eben das (früher oder später) bemerkt und wir können wieder zu unserem Ausgangspunkt zurückkehren. Das ist Bewusstheit um Bewusstheit. Sozusagen Bewusstheit im Quadrat.

Wählen wir als Objekt für die Meditation Hörbares – Geräusche, Klänge, Töne, Laute –, so spricht man von Hörmeditation oder von auf Klang gerichteter Achtsamkeit (vgl. dazu Mingyur Rinpoche 2007, 2009).

Nimm dazu eine aufrechte und bequeme Haltung im Sitzen ein, so wie sie weiter oben bereits beschrieben wurde (s. Abschnitt 4.2.1), und lass deinen Körper langsam still werden … Jetzt, da der Körper ruhig geworden ist, richte deine Aufmerksamkeit auf die Geräusche in deiner unmittelbaren Nähe, etwa das Geräusch deines Atems, den Herzschlag oder was eben sonst zu hören ist. Du brauchst die Geräusche nicht einzuteilen in solche, die dich stören und solche, die du magst. Nimm vielmehr jedes einzelne Geräusch wahr, so wie es ist. Es ist auch nicht nötig, die Geräuschquellen zu identifizieren und entsprechend zu benennen. Einfach nur hören, das ist alles (1 Minute).

Beziehe in deine Aufmerksamkeit nun auch die Geräusche außerhalb des Raumes ein, in welchem du dich befindest. Nimm weiterhin jedes Geräusch wahr, ohne es zu bewerten. Du musst dich auch nicht besonders auf einzelne auditive Wahrnehmungsinhalte konzentrieren. Hören und loslassen (1 Minute).

Lass deine Aufmerksamkeit schließlich noch offener werden und registriere auch die am weitesten entfernten Geräusche, die du gerade eben noch wahrnehmen kannst … und vielleicht sogar ein Stück über die Grenze deiner Wahrnehmung hinaus. Schenk deine Aufmerksamkeit ruhig der gesamten, ungeteilten Klangkulisse … und der Stille im Hintergrund deiner Wahrnehmung (1 Minute).

Kehre nun mit deiner Aufmerksamkeit zum Körper zurück und öffne langsam deine Augen, wenn du sie geschlossen hattest. Wenn du magst, kannst du sacht Bewegung in deinen Körper kommen lassen.

Eine der besonderen Vorzüge der Hörmeditation besteht nach Yongey Mingyur Rinpoche, einem sehr humorvollen tibetischen Meditationsmeister, darin, dass sie uns dazu befähigt, auf Lob und Kritik mit mehr Gleichmut zu reagieren. Wir lernen, Worte als das zu erkennen, was sie sind: Klänge, denen wir selbst Sinngehalt zuweisen. Das macht uns als Zuhörer emotional unabhängiger (Mingyur Rinpoche 2007, 2009).

4.2.6 Praxisfragen: Die FAQs der Meditation

Wenn man Meditation zu üben beginnt, stellen sich erfahrungsgemäß viele Fragen. Einige aus dem klinischen Alltag gegriffene Beispiele, die besonders häufig auftauchen, sollen nachfolgend besprochen werden.

Fragen zur Sitz- bzw. Hörmeditation

Ich schweife dauernd ab. Was mache ich denn falsch?

Gar nichts! Du bemerkst jetzt einfach nur, was dein Geist auch sonst immer treibt. Nicht ohne Grund wird er oft mit einem Affen verglichen, der von Ast zu Ast springt (monkey mind). Ständig hält er Ausschau nach etwas, woran er sich festhalten kann. Wenn du dieses Verhalten nun registrierst, hast du die Möglichkeit, das Greifen und Festhalten von Gedanken mehr und mehr aufzugeben. So wie du aufhören kannst, an deinen Fingernägeln zu knabbern, wenn du dir dessen bewusst wirst. Oder deine Schultern fallen lassen kannst, wenn du registrierst, dass du sie gerade hochziehst.

Völlig unnötig ist der Versuch, die Gedanken „auszuschalten" oder „wegzuschieben". Achtsamkeit ist weder ein Killer, der irgendwen ausschaltet, noch ein Sumo-Ringer, der seinen Gegner einfach von der Matte schiebt. Schau dir das bunte Treiben deiner Gedankenseifenblasen einfach an! Vielleicht kannst du sogar etwas Neugierde dafür aufbringen, wie die Gedanken dich immer wieder in ihren Bann ziehen – obwohl du ja eigentlich darauf gefasst bist – und vom einfachen bewussten Sitzen abbringen.

Versuch auch nicht, dich hundertfünfzigprozentig auf deinen Atem zu konzentrieren, sondern lass dein Gewahrsein einfach ganz offen und empfänglich für alles sein, was auftaucht. Ob es Gedanken und Gefühle aus deinem Inneren sind oder Sinneseindrücke von draußen – all diese Phänomene kommen und gehen, kommen und gehen. Was bleibt, ist das Bewusstsein als der „Raum", in dem alles auftaucht. Und das Bewusstsein musst du nicht erst erzeugen. Du kannst es nicht einmal verhindern! Wenn du das nicht glaubst, dann probiere doch einfach aus, ob du jetzt mal eben unbewusst sein kannst!

Ich kann mich überhaupt nicht entspannen. Warum klappt das nicht bei mir?

Sei beruhigt: Du musst dich überhaupt nicht entspannen! Natürlich ist es schön, wenn man ganz entspannt auf dem Sitzkissen sitzt – eins mit sich selbst und eins mit dem Universum, aber es gibt keinen „Entspannungszwang".

Überlege aber mal, ob es für dein Leben einen großen Unterschied macht, dass du hier ein paar Minuten entspannt in Meditation zubringen kannst. Und was würde es für dich bedeuten, wenn du im Alltag unabhängig von deiner Stimmung, deinen Gefühlen und Launen öfter mal geistesgegenwärtig bliebest? Wenn du in Situationen, in denen dir vielleicht die Galle hochkocht, noch im Stande wärst zu erkennen, welche Worte und Taten gerade fruchtbar und heilsam sind und welche nicht? Und damit auch in der Lage, dementsprechend zu handeln.

Wenn ich auf meine Atmung achte, habe ich das Gefühl, nicht mehr richtig Luft zu bekommen, und werde unruhig. Was soll ich tun?

Hör einfach auf zu atmen! Nein, im Ernst: Nimm deine Aufmerksamkeit ruhig etwas zurück vom Atem und atme beiläufiger und ganz natürlich. Du kannst dein Gewahrsein stattdessen stärker auf die Sitzhaltung ausrichten oder auch auf deine Hände. Bisweilen wird der Atem „unrund", wenn wir ihn zu sehr kontrollieren. Und das passiert manchmal unbeabsichtigt, sobald wir die Aufmerksamkeit auf ihn richten. Ein ähnliches Phänomen kennt man aus dem Alltag: Wenn man schnellen Schrittes auf einer Treppe läuft und dann zufällig auf die eigenen Füße achtet, bekommt man einen Knoten in die Beine und stolpert. Das liegt jedoch nicht an der Aufmerksamkeit, sondern an unserer Tendenz, alles festzuhalten und zu kontrollieren, was wir beobachten.

Manche Menschen empfinden bei der Beobachtung des Atems oder auch des eigenen Herzschlags ein wenig Beklemmung, weil es sich hierbei um lebenswichtige Vorgänge handelt, über die wir im Grunde genommen keine Kontrolle haben. Wir müssen vertrauen, dass das Leben auch ohne unser Zutun funktioniert. Das ist für den einen oder anderen durchaus nicht ganz einfach. Und in seltenen Fällen kann es auch sein, dass das Geräusch des Atems in irgendeiner Weise verbunden ist mit sehr negativen Erfahrungen, die als solche vielleicht längst in Vergessenheit geraten sind. Menschen, die in ihrer Vergangenheit Opfer sexueller Gewalt wurden, äußern nicht selten erhebliches Unbehagen, sobald sie das eigene Atemgeräusch und mit dem Atem verbundene Empfindungen in der Bauchregion wahrnehmen. Insbesondere in diesem Fall ist es sehr anzuraten, die Aufmerksamkeit auf weniger brenzlige Körperzonen und mehr nach außen zu lenken. Die Hände sind hierbei ein sehr gutes Objekt, da sie einerseits sehr sensibel sind, andererseits mehr emotionale Distanz ermöglichen.

Darf ich die Sitzhaltung verändern, wenn ich Schmerzen bekomme oder meine Beine einschlafen? Und darf ich mich kratzen, wenn es juckt?

Das alles gehört eindeutig in die Kategorie „Dinge, die ich ändern kann". Also ändere ruhig deine Sitzhaltung, wenn du Schmerzen bekommst oder deine Beine einschlafen. Und wenn es juckt, kannst du dich getrost kratzen. Allerdings können wir solche Irritationen während des Sitzens auch als gute Gelegenheit ansehen, uns in der Praxis des „Nichtreaktiv-Seins" zu üben. Normalerweise reagieren wir im Alltag auf Widrigkeiten sofort mit Widerstand und versuchen unmittelbar, die Situation zu verändern. Sozusagen gesteuert vom Programm der Unlustvermeidung. Wir sind dabei reaktiv und ziemlich unfrei. Wenn in der Meditation nun etwas schmerzt oder juckt, haben wir die besondere Gelegenheit, unsere eigenen Reaktionsimpulse ganz bewusst zu registrieren und damit selbst zu entscheiden, ob und wie wir darauf antworten möchten. Wir können es jucken lassen und vielleicht erstaunt feststellen, dass der Juckreiz nach einigen Minuten aufhört. Oder wir können uns kratzen. Und wir können den Schmerz – wenn er sich in Grenzen hält – als mächtigen Anker und Stütze für das eigene Präsent-Sein nutzen. Oder eben die Sitzposition achtsam verändern. Auch das muss die Gegenwärtigkeit nicht stören. In jedem Fall ist es eine mündige und freie Entscheidung als Antwort auf eine Situation und keine unbewusste Reaktion.

Sollte man immer am gleichen Platz üben? Was ist die beste Tageszeit für die Meditation?

Wenn man immer zur gleichen Uhrzeit am selben Platz übt, gewöhnt sich der Geist daran und lässt sich viel schneller und leichter auf die Haltung des „friedvollen Verweilens" ein. Wird ein kleines Kind gerade sauber, können wir ihm das „Loslassen" und Verrichten seiner kleinen und großen Geschäfte dadurch erleichtern, dass wir einen bestimmten Rhythmus einhalten (regelmäßig nachfragen, ob es mal „muss"), ausreichend Zeit dafür einräumen und das Toilettenritual mit einem bestimmten Ort, dem „stillen Örtchen" verbinden (auf dem vielleicht ein besonders ansprechendes und einladendes Töpfchen wartet). Und so meistert das Kind schließlich die durchaus anspruchsvollen und komplexen Vorgänge der willkürlichen Blasen- und Darmentleerung, unterstützt durch günstige Konditionierungsprozesse. Und die Eltern helfen durch ihre Anerkennung und ausgiebiges Lob dabei mit.

Die beste Zeit für das stille Örtchen (der Meditation) ist wohl diejenige, in der wir es möglichst stressfrei aufsuchen können. Das ist je nach individuellem Tagesablauf von Person zu Person unterschiedlich. So sitzt der eine am Morgen in den „heiligen Stunden der Meditation", der andere ist abends wacher und hat vielleicht erst nach der Erledigung seiner häuslichen Pflichten genug Ruhe. Viel wichtiger als das Wann ist wohl eher, dass man überhaupt sitzt. Sonst bekommt man früher oder später Bauchschmerzen.

Ich kann nicht so lange stillsitzen – nach wenigen Minuten funktioniert es nicht mehr. Ist es ok, wenn ich kürzer meditiere?

Gerade für einen Neuling ist es sinnvoller, öfter am Tag für kurze Zeit und mit ganzem Herzen zu üben als sich im Übereifer gleich mit langen Meditationsperioden zu überfordern, die man dann vielleicht nur unter Qualen absitzt – immer auf das Ende der Übung wartend. Außerdem hält es einen im Hinblick auf die Achtsamkeit oft wirkungsvoller über Wasser, wenn der Alltag von vielen kleinen Inseln der Gegenwärtigkeit durchzogen ist. Wenn man etwas mehr Übung hat, kann man das Pensum steigern und auch mal längere Übungsintervalle einbauen. Dabei wirst du vermutlich die Erfahrung machen, wie die Aufmerksamkeit gegen Ende langsam nachlässt und dein Geist mehr und mehr nach Entertainment sucht. Und so kannst du schrittweise die Übungszeit ausdehnen. Wenn du darüber hinaus die Möglichkeit hast, hin und wieder intensiver zu üben, kann das deine Praxis zusätzlich befruchten. Sei es im Rahmen eines Meditationsretreats, eines Achtsamkeitstages, wie er im MBSR-Programm (s. Abschnitt 2.1) gewöhnlich veranstaltet wird, oder an einem selbst gestalteten Meditationswochenende.

Nur zu sitzen fühlt sich an wie Zeitverschwendung. Was bringt es mir, wenn ich bemerke, was ich denke?

Freiheit. Und nur du kannst für dich selbst entscheiden, wie wichtig dir Freiheit ist: Frei und unabhängig von deinen biographischen Konditionierungen zu handeln, frei von deinen Vorlieben und Abneigungen die Dinge zu sehen, wie sie wirklich sind. Frei so zu handeln, wie es die jeweilige Situation erfordert. Die Freiheit zu haben, unheilvolle Handlungen unterlassen zu können. Frei zu werden von der Vorstellung, dass du das bist, was du über dich denkst. Wenn dich zum Beispiel jemand wiederholt provoziert, wirst du irgendwann die Geduld verlieren und gereizt reagieren. Der andere kennt vielleicht deine empfindlichen Stellen und weiß dich an deinem Ego zu kitzeln. Kannst du deine eigenen Gedanken, deine Interpretationen und die dazugehörigen Handlungsimpulse als flüchtige Phänomene in dir selbst wahrnehmen, deinem Ego gewissermaßen wie einem netten Tierchen im Zoo zusehen? Dann hast du die Freiheit, aus vielen verschiedenen Handlungsoptionen diejenige auszuwählen, welche für dich und dein Gegenüber am angemessensten ist.

In der Stille kommen mir belastende und teils beängstigende Gedanken. Ist das normal? Was ist, wenn meine Gefühle mich überwältigen?

Wenn sich die Oberfläche eines Sees beruhigt, kann man teilweise bis zum Grund hinuntersehen. Ähnlich können wir viel tiefer in unser Inneres blicken, wenn sich die Oberfläche des Geistes mit ihren ständig plaudernden Gedanken etwas beruhigt. Und manchmal kommt dann das eine oder andere zum Vorschein, was längst vergessen schien. Obwohl das äußerst irritierend oder auch beängstigend sein mag, so ist es weder ungewöhnlich noch falsch. Und auch nicht unbedingt negativ. Nimmst du diese „Geschenke" des seelischen Untergrunds dankbar an und hältst sie liebevoll und mit Würde im Licht der Bewusstheit, so können sich tief sitzende psychische Knoten lösen und eine Heilung alter Wunden stattfinden. Wichtig ist es, nicht gegen diese Gedanken und Gefühle zu kämpfen. Genau das macht sie nämlich mächtig. Gestatte dir selbst, dich immer mehr zu öffnen und zu weiten. Wenn du einen Stein in ein Glas Wasser fallen lässt, so wird das Wasser aus dem Glas hinausspritzen. Wirfst du denselben Stein in die Badewanne, so hat das schon deutlich weniger Effekt auf das Wasser. Und schmeißt du den Stein ins Meer, so passiert bis auf ein müdes „Blubb" gar nichts. Ganz genau so ist es mit unserem Geist: Je mehr du dich im Kampf-Flucht-Modus mental einengst, desto mehr bringen dich deine Gedanken und Gefühle aus dem Gleichgewicht. Öffnest du dich hingegen und erzeugst keinen Widerstand gegen die Wellen deines Bewusstseins, so wird sich das Wasser wieder beruhigen.

Natürlich ist es anzuraten, über die Dinge, die dir schwer auf der Seele lasten, mit jemandem zu sprechen, dem du vertraust. Das kann ein guter Freund, der Partner oder auch eine Psychotherapeutin sein. Bekanntlich ist geteiltes Leid halbes Leid. Und wir Menschen sind nun einmal soziale Wesen und nicht dafür geschaffen, alles mit uns selbst auszumachen. Also versuch nicht, deine Probleme wegzumeditieren, sondern rede darüber!

Wenn mich etwas aus der Fassung bringt, finde ich keine Ruhe mehr.

Dann hast du eine gute Realitätserprobung für deine Achtsamkeitspraxis! Lade die Unruhe ein, mit dir auf dem Meditationskissen zu sitzen. Sei neugierig, wie es sich anfühlt, völlig aus dem Häuschen zu sein und am Rad zu drehen. Und wie es sich im Körper anfühlt, wenn du verärgert, genervt, beunruhigt oder was auch immer bist. Durchdringe die unangenehmen Gefühle mit deiner vollen Aufmerksamkeit und spüre sie vollständig aus. So als wärst du ein Außerirdischer – sagen wir ein Vulkanier wie Mister Spock von der „Enterprise" –, der die Regungen der menschlichen Psyche äußerst „faszinierend" findet. Dadurch, dass du ihnen Raum gibst, ermöglichst du bereits ihre Verwandlung. Außer du wartest, wann sie sich denn nun endlich verwandeln …

Was die Gedanken anbelangt, so lass sie ruhig rauschen und sich im Kreis drehen! Kennst du diese Karussells auf Spielplätzen, bei denen man sich selbst anschieben kann? Und nun stell dir vor, auf solch einem Spielgerät sitzen mehrere Kinder, die so richtig Gas geben und das Ding in Rotation bringen. Was passiert nun, wenn du versuchen würdest, dieses Karussell festzuhalten und auf einen Schlag zum Stillstand zu bringen? Es würde dich aus den Schuhen katapultieren und du würdest dein Gleichgewicht schnell verlieren. Und was geschieht, wenn du einfach nur daneben stehst und zusiehst? Nichts.

Und wie schon bei der Frage nach Entspannung erwähnt wurde, hast du wesentlich mehr von deiner Achtsamkeitspraxis, wenn du auch angesichts intensiver Gefühle und zahlreicher Gedanken noch bei dir sein kannst, statt Meditation als spirituelle Freizeitbeschäftigung im Sinne einer mentalen Wellness-Kur anzusehen (nichts gegen Wellness!).

Fragen zur Gehmeditation

Soll ich nur meine Füße wahrnehmen? Was ist mit all den anderen Sinneseindrücken?

Wenn wir die Füße als spielerischen Fokus bei der Gehmeditation wählen, so darfst du natürlich trotzdem auch den Rest deines Körpers, deine Atmung und auch alle äußeren Sinneseindrücke registrieren. Der „Anker" der Füße hält dich einfach zuverlässig in Verbindung mit der Gegenwart und bewahrt dich davor, abzutreiben in Geschichten, die dein Verstand rund um die Sinneseindrücke erzählt. Stehst du mit beiden Füßen fest auf dem Boden der Wirklichkeit, kannst du die Projektionen deines Kopfkinos besser loslassen. Beginnst du nach den Sinneseindrücken zu greifen und hältst daran fest, dann verlierst du wahrscheinlich die Bodenhaftung.

Wenn ich langsam gehe, werde ich ganz wackelig und habe das Gefühl, mein Gleichgewicht ständig zu verlieren. Warum ist das so?

Es handelt sich hierbei um ein sogenanntes „Deautomatisierungsphänomen", wie wir es weiter oben bei der Atmung bereits kennen gelernt haben. „Wie mach' ich das eigentlich mit meinen vielen Beinen?", fragte sich der Tausendfüßler und stolperte … Wenn wir automatisierte Vorgänge mit bewusster Aufmerksamkeit belegen, sozusagen auf manuelle Steuerung umschalten, so kann es sein, dass sie erst einmal ruckelig werden. Und wenn wir dann noch in einem Tempo gehen, das nicht unserem gewohnten entspricht, wird es noch schlimmer. Besonders wenn wir sehr langsam dahinschreiten. Auch beim Radfahren wackeln wir eher bei niedriger Geschwindigkeit. Da hilft uns die Trägheit der Masse weniger als bei höherem Tempo.

Kann ich auch beim Joggen üben? Oder wenn ich eh gerade irgendwohin unterwegs bin?

Klar kannst du auch beim Joggen üben. Das ist sogar sehr empfehlenswert, weil du dann den ganzen Bewegungsablauf viel harmonischer gestalten und das Laufen zudem ausgiebiger genießen kannst. Allerdings ist das eine informelle Form der Übung, keine formale Gehmeditation. Ebenso wenn du dich auf dem Weg zum Einkaufen um Präsenz bemühst. Die formale Meditationspraxis hat nun mal eine feste Form: im Gehen mit aufgerichtetem Körper, gesenktem Blick etc. Beide Übungsmodalitäten ergänzen sich. In der formalen Praxis schaffen wir sehr einfache und damit ideale Bedingungen, unter denen wir den eigenen Geist gut erforschen können und intensive Wachheit und große Klarheit entwickeln. Das ist wie

Fitnessstudio für den Gegenwartsmuskel. Und in der informellen Praxis des Alltags nutzen wir die Qualitäten dieses entwickelten Muskels dann, um unser Handeln heilsamer und befriedigender zu gestalten.

Wir können die Zeit, die wir in formaler Meditation zubringen, als besonderes Geschenk ansehen. Immerhin sind das Momente, in denen wir uns nichts beweisen, nichts leisten und nichts erreichen müssen. Ein „muss-freier" Raum sozusagen. Sich diese Zeit zu schenken, kann die Beziehung zur eigenen Person genauso positiv beeinflussen, wie wenn wir einem guten Freund oder einer Freundin unsere ganze Aufmerksamkeit schenken, wenn er oder sie uns braucht. Und nicht nur so im Nebenbei auf dem Weg zum Einkaufen!

Im Zimmer zu üben klappt nicht – da werde ich ganz unruhig und kann mich gar nicht mehr konzentrieren. Kann ich die Gehmeditation auch im Freien praktizieren?

Klar! Draußen in der Natur zu üben ist wundervoll! An einem See oder im Wald. Allerdings kann das für manche Gemüter sogar etwas schwieriger sein als drinnen zu praktizieren, gerade wenn man noch wenig Übung hat. Sehr schnell fliegt der Geist dann mit jedem zwitschernden Vöglein davon. Und die Stille, die man sich so romantisch vorgestellt hat, entpuppt sich als lärmender Bahnhof mit vielen vorbeirauschenden Gedanken. Eine an Anregungen reduzierte Umgebung, wie ein kleiner, schlichter Raum, bietet teilweise weniger Aktivierungsenergie für das Gedankenkarussell. Finde am besten selbst heraus, was die geeignetste Umgebung für deine Meditation ist. Einen allgemeingültigen Rat kann man dazu nicht geben. Ich kann nur so viel sagen, dass für den Anfänger sicher ein ruhiger, reizarmer Platz günstiger ist. Wenn man dann später ein bisschen mehr Erfahrung in der Meditation hat, kann man sie überall ausführen. Meines Wissens werden japanische Zen-Mönche sogar explizit dazu angehalten, auch an besonders lauten und umtriebigen Orten wie öffentlichen Plätzen oder Bahnhöfen zu üben, um die Stille „auf den Marktplatz" zu tragen – also ins ganz normale laute Leben – und ihre eigene Übung zu vertiefen.

Fragen zum Bodyscan

Ich schlafe ständig ein. Was soll ich tun?

Wenn du in letzter Zeit wenig Schlaf abbekommen hast, dann zeigt dir dein Körper damit unmissverständlich, dass du Ruhe brauchst und schlafen solltest. Viele Leute schlafen jedoch auch ohne Schlafdefizit ein, insbesondere, wenn sie den Bodyscan erst ein paar Mal geübt haben. Das kann zum einen daran liegen, dass Liegen ja meistens mit Müdigkeit und Schlafen verbunden ist. Zum anderen wird durch das Spüren des Körpers ein bestimmter Teil unserer Großhirnrinde angeregt: der somatosensorische Cortex. In ihm wird ein Großteil der Körperempfindungen abgebildet – piekt man da irgendwo rein, spürt man es im großen Zeh, an der Brust oder am Po. Als Folge der Erregung dieses Rindengebietes zeigt das Gehirn im EEG (Elektroenzephalogramm) einen speziellen Rhythmus (sensomotorischer Rhythmus), der recht günstige Bedingungen für das Einschlafen schafft. Wenn du also nun den Bodyscan übst, dann kann es passieren, dass sich dein Gehirn schneller auf Schlafen einstellt als du dich auf die wache Beobachtung deiner Körperempfindungen. Um das zu verhindern, kannst du mit offenen Augen oder im Sitzen üben. Du könntest auch deine Unterarme vertikal aufstellen, sodass sie ins Schlingern kommen und zu Boden sinken, sobald zu beginnst einzuschlafen. Oder vielleicht magst du einen Gegenstand in deine Hand nehmen – einen schönen Stein oder auch einen

Schüssel –, der dir runterfällt und dich weckt, sobald sich deine Hand im Schlaf entspannt.

Ich kann manche Teile meines Körpers nicht spüren. Darf ich sie bewegen?

Natürlich darfst du das – es ist ja kein Beamtenmikado („Wer sich zuerst bewegt, hat verloren")! Du musst es aber nicht. Mach aus dem Bodyscan kein leistungsorientiertes Projekt, dessen Wert daran gemessen wird, wie detailreich du deinen Körper spüren kannst. So nach dem Motto: „Ich kann sogar den Dreck unter meinen Zehennägeln spüren!" Wenn du in einer bestimmten Körperregion dieses oder jenes spürst, gut. Wenn nicht, auch gut. Es geht darum wahrzunehmen, was ist und wie es ist.

Ist es erlaubt, dass ich mir die betreffenden Körperteile beim Durchwandern bildlich vorstelle, um sie besser spüren zu können?

Auch das ist natürlich okay und kann als Einstiegshilfe durchaus hilfreich sein, um einen Zugang zu Körperempfindungen zu gewinnen. Genauso wie das Zählen der Atemzüge bei der Sitzmeditation helfen kann, im Kontakt mit der Atmung zu bleiben. Stellst du hingegen fest, dass dich das Visualisieren der Körperregionen eher in Träumereien und Fantasiegeschichten führt, wenn du wie in dem Science-Fiction-Film „Die Reise ins Ich" mit einem Mini-U-Boot durch deinen Körper düst, solltest du es besser loslassen.

Ich lasse mich leicht von Außengeräuschen ablenken. Was kann ich dagegen machen?

Wovon ablenken, ist die Frage. Wenn du es als Ziel erachtest, ausschließlich und exklusiv beim Atem zu sein, wirst du solche Ereignisse wie Geräusche als Störung empfinden, weil sie dir dieses Ziel verbauen. Allerdings hat das auch wenig mit Achtsamkeit zu tun. Geht es dir darum, DIESEN Moment so wahrzunehmen wie er ist, dann kann jede Sinneswahrnehmung, jeder Gedanke, jedes Gefühl und jede Körperempfindung zu einem Hinweis auf diesen Moment werden, zu einer Einladung an dich, am Leben hier und jetzt teilzunehmen. Das wird deine Übung viel müheloser machen.

Wenn ich den Bodyscan unter Anleitung durchführe, geht es mir zu langsam. Ich bin viel schneller beim nächsten Körperteil.

Wenn du registrierst, dass du mental auf der Überholspur bist – was dir im normalen Leben sicher auch hin und wieder passieren wird – hast du bereits die Möglichkeit, wieder einen Gang runterzuschalten und dich mehr auf das zu orientieren, was gerade Sache ist. Inklusive deiner Unruhe, die sich gerade bemerkbar macht, wohl gemerkt. Insbesondere, wenn du deine eigene Ungeduld vollständig erlebst, mitsamt allen begleitenden Körperempfindungen, kann es passieren, dass sie im Licht deiner Bewusstheit dahinschmilzt und Ruhe einkehrt. Nachdem du deine Irritation sozusagen als Meditationsobjekt angenommen hast, hört sie auf dich zu fesseln und macht Platz für den nächsten Inhalt deines Gewahrseins. Zum Beispiel die nächste Körperregion beim Bodyscan.

Kann ich den Bodyscan zeitlich aufteilen, wenn ich für mich selbst übe?

Statt den Bodyscan zeitlich aufzuteilen und nur der Hälfte deines Körpers Aufmerksamkeit zu schenken, würde ich eher empfehlen, etwas schneller und weniger detailliert durch den Körper zu gehen. So kannst du etwa den linken und den rechten Arm bzw. das linke und rechte Bein gemeinsam spüren. Und statt alle Zehen einzeln zu „begrüßen", könntest du gleich den ganzen Fuß als Einheit spüren. Im Grunde genommen ist es ja möglich, binnen eines Atemzugs den ganzen Körper präsent sein zu lassen. Wenn du wenig Zeit hast oder deine Übung aus anderen Gründen aufteilen möchtest, dann führe lieber mehrmals einen kürzeren Bodyscan aus.

Fragen zu den Yoga-Übungen

Ich kann Atmung und Übung nicht zusammenbringen. Soll ich die Übungen dann schneller machen oder mich zwingen, langsamer zu atmen?

Bevor du dich zu sehr darauf versteifst, „richtig" zu atmen, lass deinem Atem lieber freien Lauf. Du wirst bestimmt nicht ersticken! So falsch kann es also nicht sein, wie dein Körper atmet. Die Anweisungen zum Atem sind lediglich als Anregungen zu verstehen, als Möglichkeit, die sich vielleicht stimmig anfühlt, wenn du ganz ungehindert und tief in den Bauch zu atmen gewohnt bist. Darum wird in der Übungsanleitung zu den Yoga-Übungen explizit die Einladung gegeben, eine Zwischenatmung zuzulassen, wenn dir danach ist. Weniger empfehlenswert scheint mir dagegen, deine Bewegungen einem vielleicht hektischen Atemrhythmus anzupassen. Da kommt dann eine Art Breakdance heraus!

Wenn ich mich bewege, kann ich mich nicht gleichzeitig auf Gedanken und Gefühle konzentrieren. Wie soll ich das machen?

Bleibe einfach bei den Bewegungen. Es müssen ja keine Gedanken und Gefühle kommen. Und du musst dich auch nicht auf die Suche nach welchen machen oder dich besonders intensiv auf sie konzentrieren, wenn welche zu Gast sind. Ist deine Aufmerksamkeit im Körper und seinen Bewegungen verankert, werden dir innere Phänomene von ganz alleine schneller auffallen, weil du sozusagen einen neutralen Hintergrund in deinem Erleben schaffst. Ein gut getarntes Reh ist im Wald sehr schwer zu erkennen – es verschwindet vor dem Hintergrund. Würde es aber vor einer weißen Wand vorbeispazieren, könntest du es sofort und ohne Mühe sehen. Und genau diesen neutralen Hintergrund hast du in den Körperempfindungen, von denen sich Gedanken und Gefühle sehr deutlich abheben. Wenn du nichts als Gedanken in deinem Kopf hast, siehst du „den Wald vor lauter Bäumen nicht mehr", kannst keinen Gedanken mehr als solchen identifizieren. Darum wird die Verankerung der Achtsamkeit in den Körperempfindungen bei allen Übungen betont.

Kann ich auch andere Yoga-Übungen machen?

Selbstverständlich. Welche Bewegung du ausführst, ist weniger wichtig als das Bewusstsein, in dem du sie machst. Die hier vorgeschlagenen Yoga-Übungen sind wie jene aus dem MBSR-Programm so zusammengestellt, dass sie für jedes Alter und auch bei begrenzten körperlichen Möglichkeiten wie Schmerzen oder Bewegungseinschränkungen durchführbar sind. Wenn dir andere Übungen gut tun, kannst du diese natürlich ebenso gut praktizieren. Achte jedoch darauf, sie mit einem

„Anfängergeist" auszuführen – so als würdest du jede Bewegung zum allerersten Mal machen. Wenn du Unterstützung benötigst, dich an die hier vermittelten Übungen zu erinnern, kannst du auf www.schattauer.de/3164 eine Übersicht herunterladen. Diese kannst du wie einen „Spickzettel" an eine Schrank- oder Zimmertür kleben.

Ich kann eine bestimmte Übung nicht ausführen. Was soll ich tun?

Wenn dir eine bestimmte Yoga-Übung Probleme bereitet, kannst du sie jederzeit abwandeln. Bereitet dir etwa das Stehen große Mühe oder gar Schmerzen, setz dich einfach auf einen Stuhl und führe die Übung im Sitzen aus. Schmerzt dein Schulter- oder Hüftgelenk, dann probiere vielleicht aus, ob du deinen Arm oder dein Bein in einem veränderten Winkel bewegen kannst. Du kannst auch kleinere Bewegungen machen. Oder lass einen Arm bzw. ein Bein ruhen und beweg nur eine Seite. Treten auch dabei größere Missempfindungen oder Schmerzen auf, dann führe die Übung in deiner Vorstellung aus und bleib auch dabei innerlich präsent.

Aber gib deinem Körper die Chance, dir zu zeigen, was geht und was nicht. Manchmal denken wir nämlich, dass diese oder jene Bewegung nicht geht, weil wir etwa ein „Hüftproblem" haben oder „Schmerzpatient" sind. Selbst wenn diese Befürchtungen gewöhnlich zutreffen, mag dich dein Körper doch hin und wieder überraschen. So erging es einer Patientin in meiner Klinik, die über sich „wusste", dass sie als Rheuma-Patientin ihren Arm nicht ohne erhebliche Schmerzen heben kann – und dann überrascht feststellte, dass ihr dies doch möglich war. Und zwar in einem bestimmten Winkel zwischen vorne und seitlich (etwa 45 Grad zur Seite).

Warum habe ich während der Yoga-Übungen so wenige Gedanken?

Oft ist unser geschäftiger Geist etwas ruhiger, wenn die Aufmerksamkeit für eine Aktivität beansprucht wird und wir ganz im Körper sind. So wissen viele Menschen aus Erfahrung, dass sie ihren Kopf beim Joggen, Klettern oder Gleitschirmfliegen frei kriegen. Bei diesen Tätigkeiten müssen wir gezwungenermaßen ganz dabei sein. Oder wir stürzen ab.

Allgemeine Fragen

Muss ich wirklich jeden Tag üben?

Ja. Du putzt dir ja auch jeden Tag die Zähne, gehst zur Toilette und duschst. Diese Dinge gehören zur täglichen Routine. Wenn du wirklich etwas mehr Präsenz in dein Leben bringen möchtest, dein Leben wacher gestalten möchtest, sollte Meditation ebenso Bestandteil deines Alltags werden. Und wenn außerhalb der formalen Meditationsübungen die informelle Praxis der Achtsamkeit Einzug in dein Leben hält, wirst du feststellen, dass die Trennung zwischen Meditation und ganz normalem Leben eine künstliche ist, auch nur ein Gedanke. So machst du dein Leben zum Kunstwerk – mit allen Krisen und Unebenheiten. Sonst wäre es ja Kitsch!

Soll ich zwischen den verschiedenen Übungen wechseln? Oder kann ich mich auf eine Übung, die mir besonders gut tut, beschränken?

Das Wichtigste ist wohl, dass du dabeibleibst und deine Praxis aufrechterhältst. Alles andere ist zweitrangig. Die verschiedenen Übungen setzen lediglich unterschiedliche Schwerpunkte. Darum wird üblicherweise empfohlen, immer mal wieder zwischen den Übungen abzuwechseln. Das macht den Gegenwartsmuskel flexibler, wenn man so will. Trotzdem ist es aus meiner Sicht völlig in Ordnung, wenn du eine Übung, die dir besonders gut entspricht, häufiger ausführst. Im japanischen Zen zum Beispiel praktiziert man überwiegend Sitzmeditation und dazwischen immer wieder Gehmeditation. Und den Rest der Zeit widmet man der achtsamen Verrichtung von Arbeiten in Haus und Garten und schließlich dem Essen (Schlafen, Toilette und Faulenzen ausgenommen). Am besten findest du deinen eigenen Weg, die Praxis der Achtsamkeit in dein Leben zu integrieren. Dann wird sie kein „Fremdkörper" sein.

Wie kann ich meine Praxis am besten aufrechterhalten?

Das ist eine sehr wichtige Frage! Hier sind Kreativität, Menschenkenntnis und praktische Weisheit gefordert. Du kennst dich selbst am besten. Was hält dich üblicherweise bei der Stange? Bist du ein Mensch, der schnell Feuer und Flamme ist und dann vierzehn Tage später alles wieder hinwirft? Dann geht es wohl drum, die Praxis so regelmäßig und beiläufig werden zu lassen wie das tägliche Duschen. Und vielleicht mal ein paar Tage auszusetzen, wenn du fanatisch wirst. Bist du eine faule Socke und brauchst immer wieder einen Tritt in den Hintern? Dann empfiehlt es sich unbedingt, mit anderen gemeinsam zu üben und so die Verbindlichkeit zu erhöhen. Oder brauchst du gute Argumente für deinen Kopf, warum Meditation für dich sinnvoll ist? Unter diesen Umständen ist es anzuraten, hin und wieder ein Buch zur Hand zu nehmen und dein Gehirn mit interessanten Fakten über die positiven Wirkungen von Meditation auf Körper und Geist zu füttern. Musst du hingegen an Leib und Seele spüren, dass dir Achtsamkeit gut tut, dann verbinde sie mit angenehmen Tätigkeiten, wie dem sinnlichen Genuss des Essens oder mit wundervollen Momenten im Kreise deiner Liebsten. Tiere und kleine Kinder laden uns ohnehin ständig ins Hier-und-Jetzt ein. Auch die Teilnahme an gemeinsamen Schweigetagen oder Meditationsretreats kann sehr inspirierend sein und deine Achtsamkeitspraxis beleben. Du kannst ebenso zu Hause immer wieder kleine Inseln der Einkehr gestalten – einen Achtsamkeitstag oder eine Art Meditationswochenende – anlässlich derer du dich der Übung von Achtsamkeit intensiver widmest.

Was Meditation anbelangt, so hat sicher jeder eine andere Motivation, die ihn bewegt. Für den einen ist sie Teil eines Lebensweges, eines Pfades der inneren Entwicklung und damit eingebettet in einen übergeordneten Kontext. Für den anderen erfüllt sie einen therapeutischen Sinn – weil man vielleicht schon mal unter Depressionen gelitten hat und möchte, dass es nicht wieder so weit kommt. Und wieder ein anderer schätzt einfach ihre positiven Effekte auf das psychische und physische Wohlergehen. Je nachdem wird auch der Drive ein unterschiedlicher sein, die Achtsamkeitspraxis am Laufen zu halten.

Ganz unabhängig davon ist die Verbindung von formaler und informeller Übung von Achtsamkeit sehr wichtig. In der formalen Praxis der Meditation kannst du den eigenen Geist am besten kennen lernen und am klarsten und tiefsten sehen. Das verleiht dir die Energie einer wachen Präsenz. Und in der informellen Übung des Alltags hast du die Möglichkeit, diese Geistesgegenwart zum eigenen Wohle und dem deiner Mitmenschen in dein Leben zu integrieren. Ohne die informelle Praxis kann Meditation weltfremd werden und ohne die formale Praxis wird deine Präsenz verflachen und das Hier-und-Jetzt irgendwann als schöne Idee in Vergessenheit geraten.

Fragt der eifrige Zen-Mönch seinen alten Meister: „Meister, wie lange muss ich noch meditieren, bis ich Erleuchtung erfahre?" Nach einer längeren Pause und kritischer Betrachtung antwortet der Alte schließlich: „Zwanzig Jahre." Schnell fragt der Schüler weiter: „Und wenn ich mich noch mehr anstrenge?" Daraufhin der Meister: „Dann sind es vierzig Jahre."

4.3 Achtsames Essen

Essen ist eine von Grund auf sinnliche Erfahrung. Will man Freude und Genuss dabei empfinden, so tut man gut daran, ganz bei Sinnen, d. h. achtsam zu sein. Ist unser Kopf nicht da, wo unser Gaumen ist, entgeht uns der Geschmack des Essens, und das köstlichste Mahl ist für die Katz – die das unter Umständen mehr zu wertschätzen wüsste.

Außerdem schafft Achtsamkeit beim Essen die besten Voraussetzungen, um Gewichts- und Gesundheitsprobleme, die durch ungünstige Ernährungsangewohnheiten und ein unangemessenes Bewegungspensum bedingt sind, zu überwinden (vgl. Thich Nhat Hanh u. Cheung 2011). Denn ohne Achtsamkeit beim Essen merken wir nicht, welche Gedanken und Gefühle wir mit verspeisen. Und an denen können wir uns unter Umständen gehörig den Magen verderben. Das macht Achtsamkeit zu einem mächtigen Gefährten auf dem anstrengenden Weg aus einer Essstörung heraus.

Doch lassen Sie uns das gleich mal ausprobieren. Ich persönlich liebe gute Schokolade mit hohem Kakaoanteil. Wenn Sie die auch mögen, können Sie sich eine Tafel davon besorgen. Ich würde Ihnen raten, nach dem Prinzip „Qualität vor Quantität" zu gehen.

Sind Sie bereit, dann brechen Sie für die folgende Übung ein Stück ab und nehmen es aus der Verpackung. Lauschen Sie ganz bewusst allen Geräuschen, die dabei zu vernehmen sind: das mehr oder weniger dumpfe Knacken des Schokoladenstücks, das helle Rascheln des Alupapiers oder das zarte Geräusch, welches das Papier außen herum verursacht. Sie können auch mehrere Stückchen abbrechen, um das genau zu hören. Deshalb brauchen Sie ja nicht gleich die ganze Tafel aufzuessen!

Und jetzt lassen wir mal alles hinter uns, was wir über uns selbst, über Schokolade, Kalorien oder Karies wissen, und betrachten dieses Stück so, als ob wir gerade erst auf der Erde gelandet wären. Das hier, jetzt, sei unsere erste Erfahrung mit, na sagen wir mal: mit diesem „Etwas". Nebenbei bemerkt: Mit diesem Stückchen hier in der Hand ist es tatsächlich die erste Erfahrung.

Wenn unsere Augen offen sind, dann sehen wir da Farben, Formen, unterschiedlich reflektierende Stellen, Bruchkanten, vielleicht eingeprägte Muster oder eine Schrift. Während wir dieses Stück betrachten, erfahren wir zugleich unser eigenes Sehen – welche Stellen mein Interesse wecken, über welche Bereiche mein Blick schneller hinweggeht usw. Lassen Sie sich ruhig ausreichend Zeit, ganz genau hinzusehen! Auch wenn Sie meinen, Sie hätten bereits alles Sehenswerte gesehen.

Es könnte sein, dass die Schokolade mittlerweile in ihren Fingern zu schmelzen beginnt. Spüren Sie die cremige Beschaffenheit und Viskosität. Fahren Sie auch ruhig noch einmal über die trocken gebliebenen Stellen des Stückchens oder die Kanten und Prägungen. So als ob sie nichts sehen könnten und wie ein Kleinkind ganz genau *begreifen* wollten, was da ist. Sie können dabei gerne die Augen schließen.

Wenn Sie Ihre Aufmerksamkeit auf den Geruchssinn richten, werden Sie den Duft der Schokolade wahrnehmen. Ist er süß, bitter, vielleicht sogar etwas würzig? Welche feineren und gröberen Aromen riechen Sie? Und wie vorsichtig oder schnell ziehen Sie eigentlich die Luft beim Riechen in die Nase? Ändert sich der Geruch bei längerem Einatmen oder bleibt er konstant? Lassen Sie sich von Ihren eigenen Erfahrungen überraschen!

Benetzen Sie jetzt Ihre Lippen mit der Zunge und fahren anschließend mit dem Stück Schokolade von einem Mundwinkel zum anderen. Nehmen Sie es dann wieder weg und schmecken den zurückbleibenden Geschmack auf den Lippen. Als Nächstes können Sie mit den Schneidezähnen ein klein wenig Schokolade abraspeln und mit der Zunge am Gaumen verteilen. Nehmen Sie den sich entwickelnden Geschmack wahr. Ist er süß, herb, säuerlich oder salzig? Wo auf der Zunge und im Mund schmecke ich ihn? Verändert sich der Geschmack? Und was nehme ich eigentlich noch wahr, wenn ich mir die Nase für einen Moment zuhalte? (Vorsicht! Zu langes Zuhalten der Nasenlöcher kann zu Atemnot führen!)

Nehmen Sie nun einen größeren Bissen bzw. das verbleibende Stück in den Mund und positionieren es zwischen den Backenzähnen. Registrieren Sie den Impuls, zuzubeißen, und geben Sie ihm dann ganz bewusst nach. Kauen Sie langsam und ganz aufmerksam. Und spüren Sie die Bewegungen, die Ihre Zunge dabei vollführt. Das ist doch verrückt, wie emsig die das macht, oder? Sie ist immer genau zur richtigen Zeit am rechten Ort und befördert Stückchen für Stückchen zwischen die Zähne, ohne dass wir genau wüssten, wie das eigentlich vonstattengeht. Reiben Sie die zergehende Schokolade am Gaumen und scheuen Sie sich auch nicht davor, einmal kräftig zu schmatzen und Luft durch den Mundraum und die Nase zu wirbeln. Spüren Sie den Schluckimpuls und geben auch ihm ganz bewusst nach. Wenn Sie die im Mund befindliche Masse vollständig gegessen haben, dann achten Sie darauf, wie lange der Geschmack noch „nachhallt" – wie eine verklingende Glocke.

Als Nächstes können Sie die Übung noch einmal in Ihrem eigenen Tempo und in freier Reihenfolge der einzelnen Sinne

– Hören, Sehen, Tasten, Riechen und Schmecken – wiederholen. Geben Sie sich die Zeit, die Sie brauchen, und bleiben Sie offen für neue Erfahrungen. Das zweite Stück ist in Wirklichkeit wieder ein erstes Stück, ein neues „Individuum" (auch wenn man es in der Tat teilen kann).

Vielleicht möchten Sie sich schließlich den Spaß machen und ein drittes Stückchen in der Weise essen, wie Sie das normalerweise tun. Na, ist da ein Unterschied?

Lassen Sie uns die Übung mit einer kurzen Reflexion schließen: Was ist dieses Etwas, das wir Schokolade nennen? Schließlich wächst sie nicht am Schokobaum – außer vielleicht im Schlaraffenland. Da haben wir die Kakaobohnen, die Samen des bis zu 12 Meter hohen Kakaobaumes, der irgendwo in Afrika oder Mittelamerika wächst. Die teils 500 Gramm schweren Früchte werden mit Macheten vom Baum geschlagen, geöffnet und die Samen mit dem gärenden Fruchtfleisch getrocknet. Das machen viele Arbeiter und Arbeiterinnen, die von ihren Eltern gezeugt und großgezogen wurden und nun als Erwachsene dieser Tätigkeit nachgehen, um ihren Lebensunterhalt zu bestreiten. Außerdem ist in der Schokolade ja noch Milch. Die stammt von den Kühen, die auf der Weide grasen. Das Gras wächst aber nur, weil es ausreichend Regen gibt, dessen Wasser aus Flüssen, Seen und Meeren verdunstet ist.

Dazwischen gab es Lastwagenfahrer, die die Milch und die Kakaobohnen transportierten. Eine Firma, welche die Rohprodukte verarbeitete. Und Angestellte dieser Firma, die Geräte überwachen, Qualitätsproben entnehmen oder die von einer Maschine verpackten Tafeln von A nach B tragen. Außerdem hat irgendein schlauer Kopf diese Maschinen erfunden. In der Schule hatte er einen Lehrer, der ihn vielleicht inspirierte. Und dann gibt es noch das Geschäft, in dem wir die Schokolade gekauft haben. Jemand hat sie ins Regal eingeräumt, und ein anderer Mensch hat sie uns an der Kasse verkauft. Dafür benötigten wir Geld, das wir für die Tätigkeit erhalten haben, die unseren Beruf darstellt.

Wenn wir etwas genauer hinsehen, ist praktisch das ganze Universum in diesem Stückchen Schokolade anwesend – und dann in uns, wenn wir sie verspeist haben. Dieser Gedanke kann uns dazu einladen, den Speisen, die wir oftmals ganz ohne Hirn und Herz „einpfeifen", gebührend Aufmerksamkeit und Wertschätzung zu schenken. Und das wiederum kommt uns und unseren Essgewohnheiten zugute.

Im therapeutischen Kontext wird diese Übung gerne mit Rosinen als sogenannte „Rosinenübung" oder „Rosinenexperiment" durchgeführt (vgl. Lehrhaupt u. Meibert 2010, S. 19–34). Vielleicht, weil man sich mit Rosinen nicht dermaßen die Hände und Klamotten versaut wie mit Schokolade. Außerdem gehen die Gemüter bei Rosinen klarer auseinander – die einen mögen sie, die anderen eben nicht. Aber das sind oft nur Vorstellungen, die teils über Jahre nicht mehr überprüft werden. Wir schmecken dann nur unsere Vorurteile. Ich selbst denke auch bisweilen, dass ich Rosinen nicht mag, und stelle dann jedes Mal wieder bei dieser Übung fest, dass das eigentlich nicht zu 100 Prozent stimmt!

4.4   Die Piranha-Frage: „Wer oder was bin ich?"

Der Verstand mag die Dinge gerne klar umrissen und schön kontrastreich in schwarz und weiß, um sie begreifen und kontrollieren zu können. Auch auf die Frage, wer oder was „ich" eigentlich bin, hätten wir gerne eine einfache und eindeutige Antwort. Aus dieser Neigung heraus machen wir uns allerlei fixe Vorstellungen über uns selbst und halten daran fest. Unser Denkapparat mag ein Foto von seinem vermeintlichen Besitzer knipsen, darauf zeigen und sagen können: „Das bin ich." Und so verwechseln wir uns selbst mit dem Foto, den Inhalt des Films mit der Leinwand.

Wir haben an mehreren Stellen bereits gesehen, dass diese Fixierung die Ursache von Engstirnigkeit und Humorlosigkeit ist. Eine moderne, achtsamkeitsbasierte Therapieform, die sich Akzeptanz- und Commitment-Therapie (kurz ACT) nennt, sieht darin einen ganz wesentlichen Aspekt psychischer Inflexibilität (Hayes 2003; vgl. auch Harris 2013). Und damit einen Faktor für unnötiges seelisches Leid. So gibt es mehrere Metaphern und Übungen im Repertoire der ACT, die darauf abzielen, diese Verwechslung aufzuheben und zu erkennen: Ich bin mehr als das, was ich über mich denke! Hier nähern sich die Wege spiritueller Traditionen und die der wissenschaftlich fundierten Psychotherapie übrigens mehr und mehr an (vgl. Anderssen-Reuster et al. 2013).

Im spirituellen Kontext wird diese Ich-Verhaftung teilweise direkt mit der Frage „Wer oder was bin ich?" torpediert, so zum Beispiel im Zen und ganz besonders im indischen Advaita[14] (vgl. Adyashanti 2006, 2007, 2010; Mooji 2012, 2013; Spira 2011; Tolle 2005, 2013). Der Advaita-Lehrer Mooji (2013) nennt sie die „Piranha-Frage", weil sich alle verstandesmäßigen Antworten darauf bei näherer Untersuchung bald als unzulänglich erschöpfen und sie den Fragenden schließlich auffrisst (s. Abb. 4-2). Zurück bleibt nur Leerheit oder eine bewusste, allumfassende Stille.

---

14 Gemeint ist die indische Lehre des Advaita-Vedanta (Sanskrit: advaita = Nicht-Dualität). Vedanta (Sanskrit: vedānta) heißt wörtlich übersetzt: „Ende des Veda" (Sanskrit: veda = Wissen), d.h. der als Offenbarung verstandenen frühhindischen Textüberlieferung. Seine Entwicklung im Westen wird bisweilen als Neo-Advaita bezeichnet.

Abb. 4-2 Die Piranha-Frage

Wenn du dich also gerne mal um den Verstand bringen möchtest, dann kann die Frage „Wer oder was bin ich?" sehr nützlich sein. Keine Angst, du wirst den Verstand nicht endgültig verlieren! Im besten Falle wird er etwas zurückhaltender in seiner Überzeugung davon, wer du bist! Wirst du das nächste Mal empört gefragt: „Was glauben Sie eigentlich, wer Sie sind?", kannst du guten Gewissens antworten: „Keine Ahnung!"

Bei dieser meditativen Selbsterkundung geht es nicht darum, eine besonders ausgeklügelte Antwort zu finden, sondern eher direkt zu schauen und zu spüren, wohin die Frage weist. Also zu lauschen und offen zu sein. Vielleicht gibt unser Kopf zunächst einmal Antworten wie: „Ich heiße so und so, bin ein Mann bzw. eine Frau und habe diesen oder jenen Beruf." Gut. Aber würdest du dich nicht auch als du selbst empfinden, wenn du einen anderen Namen tragen und eine andere Tätigkeit ausüben würdest? Und wenn du im gegengeschlechtlichen Körper zur Welt gekommen wärst? „Aber jetzt habe ich eben diesen Körper und das bin ich!", mag dein Kopf einwenden. Ist das, woraus dieser Körper besteht, wesenhaft mit dir verbunden – all das Müsli und die Nudeln, die du gegessen hast? Warst das auch schon immer du? Oder erst, als die darin enthaltenen Nährstoffe in die Zellen dieses Körpers aufgenommen wurden? Und wärst du nicht mehr du selbst, wenn man zum Beispiel deinen Arm oder dein Bein amputieren würde? „Na gut. Aber meine Gedanken und Gefühle, das bin doch ich, oder nicht?" Suchst du dir etwa alle Gedanken aus, die dir in den Sinn kommen? Und wie du dich fühlst – ist das immer deine Entscheidung? Findest du diese Dinge nicht eher vor? Und sind diese mentalen Phänomene nicht von dem abhängig, was du erlebt und gelernt hast? Hast du dir das alles ausgesucht? „Meine Persönlichkeit, meine ureigensten Neigungen, Einstellungen und Überzeugungen, das bin doch nun wirklich ich und kein anderer!" Waren diese Neigungen und Überzeugungen, die du dein eigen nennst, schon immer in deinem Besitz? Ist es nicht vielmehr so, dass dir so manche Wünsche und Ansichten, die du vor fünf, zehn oder vielleicht zwanzig Jahren hattest, heute eher fremd und abwegig erscheinen? Glaubst du, das wird in weiteren zwanzig oder mehr Jahren anders sein? Wirst du nicht ebenfalls wieder zurückblicken und sagen: Wie konnte ich nur so denken? Was hat mir damals gefallen? (Besonders eindrucksvoll kann man das am Beispiel des Modegeschmacks sehen, wenn man alte Fotos aus dem Album kramt.) Vielleicht wird dein Verstand einen letzten Versuch wagen mit Statements wie: „Aber ich habe doch seit jeher dieses Bewusstsein, mit dem ich die Welt erlebe, und das ändert sich doch niemals! Das bin ich! Ha!" Und wer ist dieses „Ich", das dieses Bewusstsein vermeintlich hat? Ist es außerhalb des Bewusstseins? Woher weißt du dann von seiner

Existenz. Oder ist es etwa selbst das Bewusstsein? Gibt es dann überhaupt einen Besitzer oder Inhaber des Bewusstseins? Wer sollte das wohl sein? Wer stellt diese Fragen? Und wer denkt? Sieh selbst! Lausche!

4.5   Stabilisieren mit 3-2-1

„Hochstress" bezeichnet einen Zustand, in dem man vor lauter Anspannung aus den Ohren dampft und am liebsten nur noch mit dem Kopf gegen die Wand donnern würde. Manche Menschen erfahren solche Zustände sehr oft, zum Beispiel Patienten mit einer Borderline-Begabung[15], die teilweise ganz erheblich mit sich selbst und ihren Gefühlen hadern. In Krisenzeiten ist meiner Erfahrung nach jeder von uns fähig, in dieser Art und Weise „am Rad zu drehen".

Sollten Sie sich einmal im Hochstress befinden, können Sie mit der 3-2-1-Übung wieder zurück auf die Erde kommen. Sie geht folgendermaßen:

Benenne drei verschiedene Dinge im Raum über Augenhöhe.
Benenne drei verschiedene Geräusche, die du hörst.
Berühre und benenne drei verschiedene Materialien.
Fahre fort mit zwei weiteren Dingen, Geräuschen, Materialien.
Dann mit einem Ding, Geräusch, Material.

Und schon bist du wieder gelandet – hoffe ich jedenfalls!

---

15 Ich verwende den in der Fachsprache üblichen Begriff der Emotional-instabilen Persönlichkeitsstörung ungern, da er mir zu defizitorientiert ist.

4.6 Spielerische Achtsamkeitsübungen

4.6.1 Mit dem Rücken sehen

Für die folgende Übung benötigen Sie einen Partner oder eine Partnerin. Dieser setzt sich mit dem Rücken zu Ihnen (was nicht symbolisch zu verstehen ist – „den Rücken zeigen"). Nun beginnen Sie mit Ihren Fingern große Druckbuchstaben auf den Rücken zu schreiben. Und Ihr Partner oder Ihre Partnerin versucht, diese jeweils zu erkennen und rückzumelden. Ist eine Antwort falsch, können Sie den betreffenden Buchstaben ruhig mehrmals aufmalen. Achten Sie vor allem darauf, groß genug und leserlich zu schreiben.

Als Nächstes können Sie nun dasselbe mit Kleinbuchstaben (Minuskeln) in Schreibschrift machen. Das ist deutlich schwieriger.

Alternativ dazu berühren Sie den Rücken Ihres Übungspartners jeweils mit einer bestimmten Anzahl an Fingern. Zunächst nicht zu viele (maximal vier) und weit genug auseinander (mindestens zehn Zentimeter), da das sonst extrem schwierig ist. Verwenden Sie am besten beide Hände, auch wenn nur zwei oder drei Fingerspitzen Kontakt haben. Und nehmen Sie keine Anzahl über zehn – das verwirrt den Mitübenden sehr!

Abschließend können Sie vielleicht noch ein Symbol aufmalen – eine Sonne, ein Herz, einen Smiley oder etwa das Haus vom Nikolaus. Danach werden die Rollen getauscht.

Diese Übung bringt uns auf ganz spielerische Weise in Kontakt mit unserem Körper und fördert darüber hinaus einen positiven Bezug zu ihm. Im Nu verwandeln wir uns dabei in spielende Kinder und entwickeln mit viel Anfängergeist Achtsamkeit und Humor.

4.6.2 „Ich sehe was, was du nicht siehst"

Eine ähnliche Übung ist das altbekannte Kinderspiel „Ich sehe was, was du nicht siehst". Sollten Sie nie in den Genuss gekommen sein, dieses beliebte Spiel mit anderen Kindern zu spielen, kriegen Sie nun eine Runde Mitleid von mir, und ich erläutere es Ihnen gerne einmal kurz: Die Übung eignet sich für zwei oder mehr Personen. Einer sucht sich möglichst unauffällig einen Gegenstand im Raum, den er – ohne weiter hinzusehen – fortlaufend und immer detaillierter beschreibt. Der oder die anderen müssen nun erraten, um welchen Gegenstand es sich handelt. Derjenige, der den beschriebenen Gegenstand zuerst errät, darf als Nächster wieder ein neues Objekt beschreiben.

Wollen Sie sich mal einen Spaß erlauben, können Sie eine kleine Variation einbauen und ausschließlich bewertende Statements über den betreffenden Gegenstand abgeben, anstatt diesen zu beschreiben. Zum Beispiel: „Ich sehe was, was du nicht siehst, und das hat eine langweilige Farbe, eine unspektakuläre Form" etc. Dafür müssen Sie aber viel Zeit mitbringen, denn so wird der andere den Gegenstand niemals erraten! Aus diesem Grunde eignet sich dieses Spiel auch zur Illustration des Unterschiedes zwischen Bewerten und Beschreiben.

4.6.3 Reaktionsimpulse beobachten

Auch für diese Übung braucht man einen Partner. Einer von beiden nimmt ein Haar oder eine Feder (Nein, nicht was Sie denken!) und kitzelt den anderen damit vorsichtig im Gesicht, zum Beispiel an der Nase oder an den Augenlidern, wo man besonders empfindlich ist.

Beobachte, während du selbst gekitzelt wirst, deine eigenen Impulse, dich zu kratzen oder die Nase zu rümpfen. Diese werden manchmal stärker, manchmal schwächer sein.

Unterlasse so gut wie möglich jede Handlung, registriere einfach deine Empfindungen von Moment zu Moment.

Wechselt nach ein bis zwei Minuten die Rollen.

Sie können dabei entdecken, dass es möglich ist, frei zu entscheiden, ob man einem Reaktionsimpuls nachgehen möchte oder nicht. Und wenn wir diese Freiheit zu nutzen wissen, kann das durchaus von Vorteil sein. Denken Sie nur mal daran, dass Ihr Chef Sie ärgert, und Sie würden ihm am liebsten Ihren Kaffee über das Jackett kippen. Oder Ihre Partnerin bzw. Ihr Partner hat mal wieder etwas zu Ihnen gesagt, was Sie normalerweise in Millisekunden auf die Palme bringt ... Nichthandeln kann ein wahrer Segen sein!

4.6.4 Das Expertengespräch

Beim Expertengespräch kann man lernen, ganz offen und vorurteilsfrei zu werden – eine wichtige Eigenschaft von Achtsamkeit. Außerdem gibt's dabei viel zu lachen. Am besten führt man die Übung in einer Gruppe mit mehreren Leuten durch.

Die Teilnehmer sitzen dabei in einem Kreis, einer hockt sich in die Mitte. Diese Person beginnt nun, seinen Mitstreitern Fragen zu stellen, welche sie dann gemeinsam, quasi als ein „Experte", beantworten sollen. Man könnte den „Hi-Fi-Fachmann" zum Beispiel fragen, welchen DVD-Rekorder er empfehlen würde. Oder den „Psychotherapeuten", was er einem zum Thema Ornithophobie (Angst vor Vögeln) erläutern kann. Jede der Personen im Kreis darf allerdings nur jeweils ein Wort äußern, sodass reihum möglichst sinnvolle Sätze bzw. Antworten für den Fragesteller in der Mitte entstehen.

Mit der Zeit entwickelt sich auf diese Weise ein sehr amüsanter Dialog zwischen Fragesteller und Experten.

Wenn man nur zu zweit ist, kann man sich das Ganze als einen inneren Monolog vorstellen:

> Person A: „Ich"
> Person B: „lese"
> A: „gerade"
> B: „ein"
> „gutes"
> „Buch"
> „über"
> „Achtsamkeit"
> ...

Als etwas einfachere Variante oder Vorstufe könnte man das Ganze auch so gestalten, dass jede Person nicht nur ein Wort, sondern einen kurzen Satz oder Teilsatz äußern darf.

> Der eine sagt etwa: „Ich blicke in den Himmel ..."
> Der andere fährt fort: „... und sehe einen Vogel."
> Der eine wieder: „Jetzt lässt er etwas Weißliches auf mich fallen."
> Und so weiter.

Das Expertengespräch ist eine Übung aus dem Improvisationstheater. Da muss man natürlich ganz besonders wach und auf Sendung sein und darf sich nicht in seinem eigenen Film festbeißen. Sonst kann man nicht mehr auf die Mitspielenden reagieren. Gerade für Menschen, die sehr überkontrolliert sind und soziale Hemmungen haben, ist diese Übung äußerst erfrischend und belebend.

4.7 Humorvolles Schmunzeln lernen

4.7.1 Die „totale Katastrophe"

Dieses Spiel ist aus einer Not heraus entstanden. Eine sehr gute Freundin befand sich in einer tiefen Lebenskrise und war für einige Tage zu Besuch bei uns zu Hause. An einem Sommerabend saßen wir auf der Terrasse vor dem Feuer. Wir unterhielten uns darüber, dass man in einer Depression eigentlich alles, was mit Anstrengung zu tun hat, als nicht machbar empfindet und bei jedem Zukunftsereignis alle möglichen und unmöglichen Katastrophen erahnt.

Dann kamen wir etwas ins Witzeln, und die Freundin überlegte, ob es nicht doch so ganz neutrale Momente gäbe, in denen man sich sicher fühlen könne und Missgeschicke eigentlich unmöglich seien. Daraus entspann sich ein Spiel: Der eine lieferte jeweils die Vorlage mit der denkbar alltäglichsten und unspektakulärsten Situation, wie zum Beispiel das Bohren in der Nase. Der andere versuchte dem Gegenüber nun zu demonstrieren, dass man selbst in dieser Situation potentielle Gefahren und Katastrophen finden kann, wenn man sich nur ein wenig Mühe gibt.

Beim Nasenbohren könnte man sich etwa mit dem Fingernagel die Nasenschleimhaut empfindlich verletzen, die dann aufgrund der Verunreinigungen unter dem Nagel beginnt, sich zu entzünden. Da man auf das Antibiotikum natürlich mit heftigem Durchfall reagiert, greift die Entzündung irgendwann den Knochen dermaßen an, dass der Eiter ins Schädelinnere läuft, was eine sofortige Erblindung und den Verlust aller wichtigen Gehirnfunktionen zur Folge hat. So endet man schließlich als schwerer Pflegefall in einem Heim ... Und das alles nur, weil man sich leichtfertigerweise mit bloßem Finger die Nase zu reinigen versuchte!

Wenn man dieses Spiel zu zweit oder in einer Gruppe macht, kann der Erste mit der Schilderung eines ganz trivialen Sachverhaltes beginnen. Der Nächste führt die Geschichte dann einen Schritt weiter in Richtung der „totalen Katastrophe". Dann ist wieder der Erste bzw. in einer Gruppe der Nächste an der Reihe usw. – bis der Weltuntergang nahe bevorsteht. Es ist dabei zu beachten, dass möglichst keine Gedanken oder Gefühle im Vordergrund stehen, sondern die Szene eher wie in einem Stummfilm von außen betrachtet wird. Mögliche Startpunkte wären zum Beispiel:

Ich beuge mich vornüber und binde mir die Schnürsenkel.
Es klingelt an der Tür.
Ich huste.
Meine Kontoauszüge kommen aus dem Drucker.
Auf dem Weg zum Bus fällt mir auf, dass ...
Als ich zum Tee greifen wollte ...

Der Fantasie sind hierbei keine Grenzen gesetzt. Versuchen Sie es doch mal mit einem guten Freund oder einer Freundin.

Der Witz an der Sache ist, dass wir bei diesem Spiel genau das praktizieren, was unser Geist sonst ungefragt treibt, wenn wir uns Sorgen machen. Tun wir es jedoch mit Absicht, so haben wir darüber Kontrolle, sitzen also quasi am „Steuerrad" unseres Geistes und fühlen uns weniger ausgeliefert. Man kann das insofern als paradoxe Intervention sehen. Das ist so, als wenn man etwa bei Schlafstörungen versucht, auf dem Rücken liegend die ganze Nacht über wach zu bleiben. Es nimmt jeglichen Erfolgsdruck im Kampf gegen das Symptom, wenn ich es absichtlich erzeuge oder vielleicht sogar übertreibe.

Und außerdem kann es sein, dass ich meine eigenen Gedanken bei der nächsten Gelegenheit, die mich ins Katastrophisieren bringt, etwas weniger ernst nehme. Weil ich das Ganze ja schon irgendwoher kenne.

4.7.2 Wie im Comic

Die Betrachtungsweise des Comics hatte ich weiter oben bereits erwähnt (s. Kap. 3). Wenn wir die Welt mit den Augen eines Comic-Zeichners sehen, offenbaren ansonsten sehr ärgerliche, traurige oder beängstigende Situationen eine Komik, die uns zum Schmunzeln bringt.

Da fällt mir das Beispiel einer Prüfung ein, die ich einmal zu absolvieren hatte. Zu dieser Prüfung legten sich alle meine Mitstreiter – insbesondere die aus früheren Jahrgängen – und ich natürlich auch die ausgeklügeltsten Spick-Strategien zurecht. (Deshalb verrate ich natürlich nicht, um welche Prüfung es sich dabei handelte.) Die „Vorbereitung" auf diese Prüfung bestand weitestgehend darin, sich zu überlegen, wo und wie man am besten etwa 200 (!) eng beschriebene Karteikärtchen so unauffällig wie möglich am eigenen Leib platzieren könnte. Eine Variante, die man mir empfohlen hatte und für die ich mich schließlich entschied, bestand darin, die Karten in vier Stapel aufgeteilt in zwei übereinander angezogene, enge Fahrradhosen zu schieben. Sodass man dann, je nach Themengebiet, gleich den direkten Zugriff auf alle relevanten Karten hat und nicht allzu lange suchen muss.

Also tigerte ich schließlich am entscheidenden Tag mit lebensbedrohlicher Adrenalinkonzentration im Blut zu dieser Prüfung und bereitete meine „Spick-Rüstung" auf der Toilette eines nahe gelegenen Restaurants akribisch vor. Bis ich perfekt zum „Angriff" gewappnet war. Kurz vor dem Haus, in dem die Veranstaltung stattfinden sollte, bemerkte ich zu meinem Entsetzen, dass die Karten anfingen, sich in meiner Hose zu verselbstständigen. Ich malte mir schon die verschiedensten

Schreckensszenarien aus, wie mir vor dem Prüfungskomitee dann die Zettelchen aus den Hosenbeinen flatterten und ich nur noch so etwas wie: „Ich leide bedauerlicherweise unter Papierinkontinenz!" stammeln könnte.

Was sollte ich also nun machen? Zurückzugehen zum Restaurant würde zu lange dauern. Und direkt im Prüfungsgebäude damit zu beginnen, Millionen von Karten in der eigenen Hose zu sortieren, schien mir auch nicht die beste Idee. So stand ich da vor dem Schaufenster einer Apotheke, in dem ich mein Spiegelbild sehen konnte, und begann nun an Ort und Stelle mit sicherem Griff in meinen Schritt, die einzelnen Stapel wieder an ihren Ursprungsort zurückzubefördern. Von außen betrachtet, erinnerte das wohl an die Bewegungen eines Hip-Hop-Tänzers, der gerade einen epileptischen Anfall erleidet. Als ich dann mit einer freien Spur meines bereits im Panikmodus laufenden Gehirns darüber nachdachte, wie das wohl für die Mitarbeiterinnen in der Apotheke aussehen müsse – vielleicht junge, attraktive PTA-Schülerinnen –, kippte meine Angst. Ich musste nun eher aufpassen, dass ich mir nicht vor Lachen in die Hose machte – was die Lesbarkeit der ohnehin teilweise verblassten Karten sicher nicht verbessert hätte.

Wer Freude am Zeichnen hat, der kann solche Geschichten auch ganz konkret aufs Papier zaubern. Das ist eine Übung, die den Blick des Comic-Zeichners natürlich unmittelbar stärkt. Abbildung 4-3 illustriert die obige Geschichte.

Überlegen Sie einmal, welche Geschichten Sie im Freundeskreis an einem feucht-fröhlichen Abend am liebsten hören oder selbst zum Besten geben. Das sind doch genau diejenigen Situationen, die wir in dem betreffenden Moment alles andere als komisch fanden. Zum Beispiel Katastrophen aus der Fahrschule. Mann, was hab ich da geschwitzt mit meinem teilweise richtig cholerischen Fahrlehrer, der zwar kein Stundenschinder, dafür aber ein Menschenschinder war. Einmal fuhren wir

Abb. 4-3
Ich, kurz vor der
Prüfung

auf ein Ortsschild zu, und er meinte nur: „Was fehlt noch?" Ich
ging sofort die ganze Checkliste aller wichtigen Schritte durch,
die man in dieser Situation beim Autofahren zu beachten hat:
Blick in den Rückspiegel und vielleicht zur Sicherheit noch einen weiteren Blick in den Außenspiegel. Kupplung nach dem
Herunterschalten langsam kommen lassen ... Er aber wiederholte nur – und das mit steigender Lautstärke und Dringlich-
keit –: „Was fehlt noch?" In steigender Panik dachte ich, er
hätte meine Blickmanöver vielleicht übersehen. Und so wiederholte ich dieselben nun etwas akzentuierter, sodass sie etwa
an die Kopfbewegungen einer Taube erinnerten, die sich in
der Fußgängerzone vom Acker macht. Zum dritten Mal stieß
er nun sein „Was fehlt noch?" aus, das diesmal dem Kampf-
schrei eines Karate-Meisters beim Bruchtest glich. Als wir

dann fast auf zwei Reifen um die scharfe Kurve kurz nach dem Ortseingang rasten, schrie er – jetzt mit etwas mehr Todesangst als Wut in der Stimme –: „Bremsen!"

Im Nachhinein sind diese kleinen Katastrophen doch immer die amüsantesten Geschichten, oder nicht? Wenn wir schon ständig an die Zukunft oder Vergangenheit denken, wäre es doch naheliegend, das zu nutzen. Wir könnten uns fragen: „Wie werde ich diese gegenwärtige Situation in einigen Jahren wohl rückblickend sehen? Könnte es eine gute Story sein, die ich im Freundeskreis erzähle? Ein Comic-Sketch vielleicht?"

4.7.3 Von einem anderen Stern

Eine Betrachtungsweise, die mich immer wieder amüsiert und mir hilft, die Dinge mit der nötigen Distanz zu sehen, ist die des Außerirdischen. Vielleicht kennen Sie Antoine de Saint-Exupérys (2009) „Der Kleine Prinz", der auf seiner Suche nach Freunden schließlich auf der Erde landet und alle Dinge mit kindlicher Naivität hinterfragt. Tag für Tag erzählt der Kleine Prinz dem Erzähler, der mit seinem Flugzeug in der Sahara notgelandet ist und ihm dort begegnet, eine Geschichte. Er stamme nämlich nicht von der Erde, sondern von einem äußerst kleinen Asteroiden (B 612). Dieser Asteroid sei von einem türkischen Astronomen entdeckt worden, der aufgrund seiner traditionellen Kleidung jedoch von niemandem ernst genommen wurde. Als er dann an einer Konferenz mit Anzug und Krawatte erschien und seine Äußerungen wiederholte, fand er Gehör. Über solche Kuriositäten wundert sich der Erzähler, der dem Kleinen Prinzen in seinem kindlichen Wesen sehr ähnlich ist. Was den Kleinen Prinzen aber noch mehr bewegt, ist die Frage, wozu Blumen Dornen haben, wenn sie dann trotzdem von Schafen gefressen werden ...

In den seltenen Fällen, in denen ich eine Vernissage besuche (das ist so ein Treffen von vielen erwachsenen Leuten, die Cocktailkleider und Sakkos tragen und gemeinsam Bilder anschauen, die ein anderer – der meistens kein Sakko an hat – gemalt hat), geht es mir ähnlich wie dem Kleinen Prinzen. Die Erwachsenen (oder die, die zumindest so tun, als ob) stehen da mit Sektgläsern in der Hand und reden ganz viel. Über die Absichten des Künstlers. Über seine besondere Maltechnik. Und natürlich über sein Talent. Oder sie geben Kommentare zum Kleidungsstil der Mitbesucher und vor allem Mitbesucherinnen ab. Und ich denke mir dann immer: „Ob der Künstler wohl etwas dagegen hat, dass man seine Bilder einfach mal ansieht – so ganz geradeaus mit den Augen? Und sich ansprechen lässt von der Farbe und Form, die einem alles Nötige verraten, was das Bild und sein Schöpfer zu erzählen haben."

Die Faszination des Außerirdischen an der sinnlichen Erfahrung findet man auch in dem Film „Stadt der Engel" (Originaltitel: „City of Angels") von Regisseur Brad Silberling (1998) mit Nicolas Cage und Meg Ryan in den Hauptrollen. Der Engel Seth (Nicolas Cage) verliebt sich darin bis über beide Ohren in die Herzchirurgin Maggie Rice (Meg Ryan) und entschließt sich daraufhin, Mensch – und damit sterblich – zu werden. Von da an fühlt er wie die Menschen, ist sichtbar, riecht und schmeckt und ist fasziniert von allen sinnlichen Erfahrungen, die gänzlich neu für ihn sind. So macht er einmal eine ähnliche wie die in Abschnitt 4.3 beschriebene Genussübung – aber mit einer Birne. Leider lebt seine Angebetete in dem Film nicht mehr allzu lange (um genau zu sein, etwa einen Tag), da sie aus Unachtsamkeit (!) beim Radfahren den Weg eines LKW kreuzt. Trotzdem beißt sich Seth für seine Entscheidung nicht in den Hintern – und das nicht nur wegen der Birnen!

Was ich also damit sagen will: Wenn wir die Welt öfter mal mit kindlichen Augen betrachten, für die sich Erwachsene teilweise außerirdisch benehmen, können wir über so Einiges schmunzeln. Und das erspart uns den frühen Herztod oder bewahrt uns vor dem Fenstersturz.

4.7.4 Das abwesende Leid

Freud und Leid gehören ja bekanntlich zusammen. Nur weil es manchmal tagelang schüttet, können wir uns an einem sonnigen Tag erfreuen. Und so können wir uns selbst regelrecht glücklich machen, wenn wir uns hin und wieder an Momente erinnern, in denen wir gelitten haben – sei es körperlich oder seelisch. Deswegen braucht man nicht gleich mit dem Fuß gegen den Türstock zu treten, um sich dann zu freuen, wenn der Schmerz nachlässt. Aber jeder kann ja auf Situationen zurückblicken, die schmerzlich waren, zum Beispiel Zahnschmerzen. Wer schon mal heftige Zahnschmerzen erleben musste, wird wissen, dass es mehr als neutral ist, wenn einem die Beißerchen nicht weh tun. Und wer schon mal in einem depressiven Loch gesessen hat, weiß so ganz normale, unspektakuläre Tage des Alltags, in denen nichts Besonderes passiert, durchaus zu schätzen.

Man mag nun einwenden, dass es dem Geist von Achtsamkeit widerspricht, wenn man dauernd an „schlechte" Zeiten aus der Vergangenheit denkt, nur um sich darüber zu freuen, dass gegenwärtig keine Katastrophen passieren. Da gebe ich Ihnen vollkommen Recht. Wir müssen das ja nicht ständig machen, aber hin und wieder kann ein Gedanke in diese Richtung zu Dankbarkeit und Demut verhelfen.

Und was hat das mit Humor zu tun? Nun, man könnte sich die Gegenwart natürlich auch problemlos madig reden, wenn man nur intensiv genug darüber nachdenkt, was die Zukunft so alles an Schmerz und Leiden bringen wird. Es wird hundertprozentig wieder einmal regnen. Richtig! Aber jetzt gerade tut es das nicht. Und sich über die Abwesenheit von Leid trotz aller Unbeständigkeit zu erfreuen hat etwas von humorvoller Offenheit.

Wenn Sie der Krankheit des Vergessens mal etwas entgegenhalten möchten, können Sie das nächste Mal, wenn Sie wie ein Häuflein Elend mit einer fetten Grippe im Bett dahinsiechen, Zettel und Stift zur Hand nehmen oder auf ein Tonband aufsprechen, wie sie sich gerade fühlen – körperlich und psychisch. Schildern Sie zwischen den Toilettengängen, wo Sie die Körpersäfte nach allen Seiten hin mit Hochdruck verlassen, ganz genau, welche Empfindungen Sie wahrnehmen, wenn Ihnen übel ist, das Essen durch die Nase schießt und die Glieder schmerzen. Wie Sie langsam hoffnungslos werden, weil Sie seit vorgestern keine nennenswerte Besserung ausmachen können. Und wenn Sie ein richtiger Mann sind: dass kein Mensch auf dieser Welt so wirklich begreift, wie sehr Sie leiden – nicht mal Ihre Frau oder Ihre Mutter (oder beide), obwohl sie Ihnen stündlich Tee und Zwieback ans Bett bringt.

4.7.5 Stopp: „Peanuts!"

Immer wenn ich von einem tragischen Todesfall erfahre – was wohl jeder aus seinem persönlichen Umfeld kennt –, denke ich mir immer, wie bedeutungslos doch viele Dinge sind, über die man sich so manches Mal den Kopf zerbricht: die anstehende Steuererklärung, ob man in dieser oder jener Veranstaltung eine gute Figur hingelegt hat oder dass das Auto schon wieder zur Reparatur muss. Jede einzelne Sekunde ist kostbar – auch wenn das etwas geschwollen klingen mag.

Hat das Leben unsere Werte wieder einmal zurechtgerückt, sind manche Probleme nur noch „Peanuts". Und ich denke, dass es sehr heilsam ist, sich das öfter mal bewusst zu machen. Mit meiner Frau hatte ich dafür lange Zeit genau dieses Signalwort: „Peanuts!" Vor allem, wenn wir uns in der Achtlosigkeit des Alltags über kleine Unzulänglichkeiten des Partners aufregen, kann uns solch ein Signal wieder wachrütteln. (Man sollte es aber mit Bedacht einsetzen – nicht dass die Partnerin den Eindruck bekommt, man möchte sich etwa nur gerade das Genörgel über unordentlich herumliegende Wäsche sparen.)

Nicht nur Schicksalsschläge, sondern die bloße Unendlichkeit von Raum und Zeit relativiert oftmals eigene Belange. So lässt sich in Monty Pythons Satire „Der Sinn des Lebens" die Ehefrau eines unfreiwilligen Organspenders zur „lebenden Organspende" überreden, nachdem sie den Galaxy-Song über die unendlichen Weiten des Weltalls gehört hatte. Auch wenn man nicht ganz so weit gehen möchte, so ist der simple Gedanke, wie wichtig in 100 Jahren mein missglücktes Vorstellungsgespräch sein wird, sehr beruhigend – für mich zumindest.

Als Kind stellte ich mir oft vor, wie es wohl wäre, wenn unser ganzer Planet nur ein Staubkorn auf dem Boden einer viel größeren Spezies wäre – ein Krümel, wie man sie auf unserem Küchenboden zuhauf findet. Auch diese räumliche Blickerweiterung kann das Geschehen vor Ort kleiner, relativer machen, und darum geht es. Nicht darum, dass wir uns etwas einreden oder wegreden sollten, sondern die Erweiterung unseres Horizonts über die individuellen Belange hinaus. Auf dass wir über sie schmunzeln können und andere nicht vergessen!

4.7.6 Bitte lächeln!

Wenn wir uns wohl fühlen, wenn wir Freude und Glück empfinden, weil wir zum Beispiel eine Person treffen, die wir mögen, dann lächeln wir. Deswegen gehen wir gewöhnlich davon aus, dass unser Gefühl – in diesem Fall Freude – zuerst da ist und somit die Ursache des mimisch-gestischen Ausdrucks – des Lächelns – darstellt.

Einer bekannten psychologischen Emotionstheorie zufolge sei es in der Tat jedoch umgekehrt: Wir lächeln nicht, weil wir uns freuen, sondern wir freuen uns, weil wir lächeln. Und wir sind traurig, weil wir weinen. Diese als James-Lange-Theorie bekannte Annahme basiert auf einem Artikel von William James aus dem Jahre 1884. Sie geht davon aus, dass eine Situation unmittelbar zu einer viszeralen (die Eingeweide betreffenden) bzw., wie sein Kollege Carl Lange meinte, vasomotorischen (in den Muskeln und Gefäßen) Erregung führt, die dann als bestimmtes Gefühl erlebt wird. Komplizierte geistige Verarbeitungsschritte seien dazu nicht nötig. Vereinfacht gesagt: Situationen sprechen zuerst unseren Bauch, unsere Muskeln und Gefäße an, und unser Verstand reimt sich anschließend zusammen, welches Gefühl wir gerade erleben.

Damals wie heute gab und gibt es natürlich Einwände gegen diese Hypothese. Und sicher sind aus heutiger Sicht einige Annahmen der James-Lange-Theorie nicht mehr haltbar. Doch gehen auch aktuelle Emotionstheorien davon aus, dass es eine direkte und sehr schnelle Verarbeitung gefühlsrelevanter Reize gibt, die unabhängig vom „trägen" Verstand abläuft (zum Beispiel LeDoux 1995) und direkt auf den Körper wirkt – also auch auf unseren Gesichtsausdruck. Und dass insbesondere der Gesichtsausdruck durch eine Rückmeldeschleife das Erleben unserer Gefühle beeinflusst. Man nennt das die Facial-Feedback-Hypothese. Wenn wir lächeln, fühlen wir uns nachweislich schneller belustigt (Strack et al. 1988) und nehmen darüber hinaus auch andere Menschen positiver wahr (Ito et al. 2006). In den zitierten Studien mussten die Versuchsteilnehmer Bleistifte zwischen ihre Zähne klemmen, ohne sie mit den Lippen zu berühren, um so die für das Lächeln verantwortlichen Muskeln anzuspannen. Allein diese Vorstellung amüsiert mich schrecklich!

Ausgehend von dem Gesagten, liegt es natürlich nahe, die Veränderung des Gesichtsausdrucks auch zur Förderung heilsamer Emotionen zu nutzen. Genau das schlägt Linehan (1996b) in ihrem „Trainingsmanual zur Dialektisch-Behavioralen Therapie der Borderline-Persönlichkeitsstörung" vor (ursprünglich zu finden in Thich Nhat Hanh 1996). Auch im Rahmen der Biofeedback-gestützten Behandlung von Patienten mit Spannungskopfschmerzen[16] konnte ich selbst immer wieder feststellen, wie ein ganz leichtes Halblächeln, eigentlich nur ein leichtes „Strahlen" aus den Augen, zu einer dramatischen Entspannung der Stirnmuskeln führen und damit den Schmerz abschwächen kann.

Fassen wir also noch einmal zusammen: Lächeln kann Spannung reduzieren, Gefühle von Freude und Heiterkeit unterstützen und lässt uns andere Menschen positiver sehen. Auch wirken wir selbst attraktiver und zugänglicher, wenn wir nicht wie eine Miesmuschel durch die Gegend laufen. Ein von Hass erfülltes Gesicht sieht eben hässlich aus. Und ein zartes Lächeln wie es Abbildung 4-4 zeigt, bringt wiederum ein Lächeln hervor. Viele Gründe also, mal einen Versuch zu wagen.

Vielleicht wollen Sie das erst einmal im Rahmen der Sitzmeditation ausprobieren (vgl. Abschnitt 4.2.1). Gerade wenn Sie dazu neigen, mit zu großem Ernst, zu viel Anstrengung oder gar Verbissenheit an die Sache heranzugehen, und wenn Sie eher einen leistungsbetonten Konzentrationssport daraus machen, kann ein zartes Lächeln, wie man es auf dem Antlitz

---

16 Bei dieser Behandlungsmethode werden körperliche Reaktionen, die man kaum wahrnehmen kann, per Computer gemessen und rückgemeldet, was die Wahrnehmung verfeinert und die Steuerungsfähigkeit verbessert.

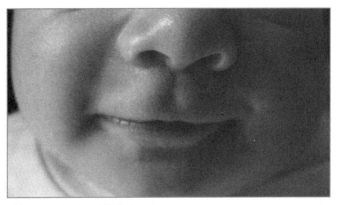

Abb. 4-4 Ein Engelslächeln

von Buddha-Statuen oft sieht, eine wunderbare Leichtigkeit erzeugen (wenn es nicht gerade eine chinesische Darstellung am Eingang eines China-Restaurants ist, denn das ist definitiv mehr als Lächeln!). Und beim Einschlafen bringt uns ein subtiles Lächeln in einen Zustand innerer Gelöstheit, der uns gut und friedlich ruhen lässt. Verbinden wir das mit der Atmung, so verstärken sich das Ausatmen und Lächeln gegenseitig zu einer Haltung des Loslassens.

Besonders interessant ist die Übung des leichten Lächelns in Kontakt mit anderen Menschen. Laufen Sie mal einen Tag mit betont griesgrämiger Miene herum und den nächsten dann mit einem von außen kaum erkennbaren Halblächeln. Anschließend vergleichen Sie, wie die beiden Tage verlaufen sind. Wie anstrengend oder leicht haben Sie die zu erledigenden Tätigkeiten empfunden? Und wie haben Ihre Zeitgenossen auf Sie reagiert haben?

In den gestressten Momenten kann ein Lächeln auch die Perspektive des Comic-Zeichners fördern, wie sie in Abschnitt 4.7.2 beschrieben wurde. Ich bin davon überzeugt, dass wir mit einem Halblächeln schneller und kreativer die in nahezu jeder Situation gegebene Komik erkennen können – die uns wiederum spontan lächeln oder gar lachen lässt.

Doch Vorsicht! Zu Risiken und Nebenwirkungen ... sei erwähnt, dass ein maskenhaftes Lächeln eher das Gegenteil bewirkt: So bekommt man beispielsweise Gesichtskrämpfe nach einer Familienfeier, auf der man sich gnadenlos „übergrinst" und sein Inneres dabei regelrecht vergewaltigt hat. Außerdem kann das auf lange Sicht zu einer „Alexithymie" führen. Damit ist das Unvermögen gemeint, eigene Gefühle treffsicher zu erkennen. Bei Stewardessen und anderen Risiko-Berufsgruppen, bei denen ein künstliches Lächeln zur Berufskleidung gehört, kommt das durchaus vor. Ebenso bei Kindern aus Familien, die den Ausdruck von Unmut und Widerwillen konsequent unterbinden.

Lassen Sie uns also zum Abschluss des praktischen Teils noch einmal auf die in Kapitel 3 erwähnte Mentalität des tierischen Ernstes zu sprechen kommen. „Sie macht sogar aus dem Humor eine ernste Beschäftigung", wie Trungpa (2007, S. 162) ausführt. Und so seien alle der oben beschriebenen Anregungen – insbesondere diejenigen zur Pflege von Humor – als Möglichkeiten und Einladungen zum Experimentieren zu verstehen. Was hilfreich ist, können Sie für sich nutzen, was nicht hilfreich ist, vergessen Sie einfach wieder!

5   Schluss mit lustig: Der Ernst des Lebens

„Jetzt kommt der Ernst des Lebens!" Diesen so oft gehörten Satz konnte ich noch nie leiden! Für mich hört er sich so an, als ob man erst dann richtig erwachsen ist und die Dinge ernst genug nimmt, wenn man seinen Humor und mit ihm die ganze kindliche Leichtigkeit begraben hat und zu einer verknöcherten Koralle erstarrt ist. (Liebe Aquarien-Freunde und Greenpeace-Aktivisten: Nichts gegen Korallen!) Dabei zeugt es meines Erachtens von Reife und Weisheit, wenn gerade ältere Menschen noch lachen können, obwohl sie im Leben viel Schmerz und Kummer erlebt haben, und wenn sie am Leben in der Gegenwart teilhaben. So wie meine frühere Vermieterin, die ihren Mann schon längst verloren hatte und deren Haus im Krieg zerbombt worden war. Und doch hatte sie solch pfiffige Ideen, wie etwa besonders auffällige Hüte in schrillen Farben zu tragen, um von ihrem schrumpeligen Gesicht abzulenken. Als sie das erzählte, lachte sie lauthals. Solch ein Lachen zeugt von einer Haltung, sich selbst nicht übermäßig wichtig zu nehmen und eigene Schrulligkeiten liebevoll zu akzeptieren.

Und doch regen wir uns im nächsten Moment wieder über Kleinigkeiten auf, obwohl wir es vielleicht besser wüssten – über das schlechte Wetter, den Partner, den Nachbarn oder die Verpackung unseres Müslis. Ja, so sind wir eben, wir Menschen. Und mit Achtsamkeit werden wir auch nicht zu etwas Besserem. Keine Flügel, tut mir leid! Ganz Mensch zu sein genügt völlig!

Obwohl der Mensch ja so allerlei seltsame Dinge auf diesem Planeten fabriziert, sind wir Menschen doch höchst faszinierende Geschöpfe. Wir können nicht nur empfinden, fühlen, wahrnehmen, wollen und denken, sondern uns auch noch dessen gewahr sein, dass wir empfinden, fühlen, wahrnehmen, wollen und denken. Und manchmal gelingt es uns sogar, wie der sich entpuppende Schmetterling aus unserer eigenen Haut herauszuschlüpfen, unsere Sichtweise mit Achtsamkeit als Sichtweise zu erkennen und diese mit Abstand und Humor zu betrachten – und zu schmunzeln. Und damit ist es möglich, eigene Belange mit denen anderer in Einklang zu bringen.

Alles, was wir tun, findet sein Echo. Die Goldmarie in Grimms Märchen „Frau Holle" hört nach ihrem symbolischen Fall durch den Brunnen alle Dinge der Welt zu ihr sprechen. Sie lässt sich ansprechen, sieht, was in den jeweiligen Situationen zu tun ist. Das erschreckt sie zunächst. Immerhin könnte dieses Vermögen dazu führen, dass man regelrecht aufgefressen wird oder – moderner gesprochen –: einen „Burnout" erleidet. Doch als sie sich ihren Aufgaben mit ganzem Herzen hingibt, entdeckt sie, dass sie allem gewachsen ist, was das Leben von ihr verlangt. Und schließlich wird sie für ihre Hingabe reich belohnt (vgl. Drewermann u. Neuhaus 1984).

Auch wenn wir nicht gleich in solch einen außergewöhnlichen Brunnen fallen wie die Goldmarie und statt besonderer Erfahrungen der Entrückung und höherer Bewusstseinszustände nur Hämorrhoiden vom vielen Sitzen in Meditation bekommen, werden wir mit diesen zwei wunderbaren Kräften unserer Seele – Achtsamkeit und Humor – durch und durch zu dem, was wir sind: Menschen.

Ich möchte dieses Buch beenden mit einem Gedicht, dass ich mir einmal ausgedacht und in das Poesiealbum meiner Nichte geschrieben habe, da ich kein anderes kannte.

Das Jetzt

Im Jetzt wirst Du dies Sprüchlein lesen,
Ein Augenblick – schon ist's gewesen.

Doch wird das Jetzt weiter besteh'n,
Es kann nämlich nie untergeh'n.

Wer das erkennt, dem wird bald klar:
Das Jetzt ist wirklich wunderbar!

The End.

Literatur

Adams D (2004). Per Anhalter durch die Galaxis (23. Aufl.). München: Heyne.

Adyashanti (2006). True meditation: Discover the freedom of pure awareness. Boulder, CO: Sounds True.

Adyashanti (2007). Tanzende Leere: Erleuchtung für Herz, Bauch und Kopf. München: Goldmann.

Adyashanti (2010). The end of your world: Uncensored straight talk on the nature of enlightenment. Boulder, CO: Sounds True.

Anderssen-Reuster U, Meibert P, Meck S (Hrsg.) (2013). Psychotherapie und buddhistisches Geistestraining. Methoden einer achtsamen Bewusstseinskultur. Stuttgart: Schattauer.

Ariely D (2008). Denken hilft zwar, nützt aber nichts: Warum wir immer wieder unvernünftige Entscheidungen treffen. München: Droemer.

Beck AT (1976). Cognitive therapy and the emotional disorders. New York: International Universities Press.

Bohne F (Hrsg) (1960). Kritik des Herzens. Wiesbaden: Vollmer.

Borkovec TD, Inz J (1990). The nature of worry in generalized anxiety disorder: A predominance of thought activity. Behaviour Research and Therapy; 28(2): 153–8.

Borkovec TD, Roemer L (1995). Perceived functions of worry among generalized anxiety disorder subjects: Distraction from more emotionally distressing topics? Journal of Behavior Therapy and Experimental Psychiatry; 26(1): 25–30.

Buchkremer G, Buchkremer S (2012). Humor in der Verhaltenstherapie. In: Wild B (Hrsg). Humor in Psychiatrie und Psychotherapie: Neurobiologie – Methoden – Praxis. Stuttgart: Schattauer; 134–47.

Buddhaghosa (1997). Der Weg zur Reinheit. Visuddhi-Magga: Die größte und älteste systematische Darstellung des Buddhismus (Übs. v. M. Nyanatiloka, 7. Aufl.). Uttenbühl: Jhana.

Chiesa A, Serretti A (2011). Mindfulness based cognitive therapy for psychiatric disorders: A systematic review and meta-analysis. Psychiatry Research; 187(3): 441–53.

Clifford T (1989). Tibetische Heilkunst: Einführung in Theorie und Praxis der altbewährten Naturheilkunde der Tibeter (2. Aufl. der Sonderausgabe). Bern: Otto Wilhelm Barth.

Csíkszentmihályi M (1975). Flow: Das Geheimnis des Glücks (2. Aufl.). Stuttgart: Klett-Cotta.

Damasio AR (2000). Wie das Gehirn Geist erzeugt. Spektrum der Wissenschaft, Spezial: Forschung im 21. Jahrhundert: 56–61.

D'Ausilio A, Pulvermüller F, Salmas P, Bufalari I, Begliomini C, Fadiga L (2009). The motor somatotopy of speech perception. Current Biology; 19(5): 381–5.

Delgado LC, Guerra P, Perakakis P, Vera MN, del Paso GR, Vila J (2010). Treating chronic worry: Psychological and physiological effects of a training programme based on mindfulness. Behaviour Research and Therapy; 48: 873–82.

Drewermann E, Neuhaus I (1984). Frau Holle: Grimms Märchen tiefenpsychologisch gedeutet (3. Aufl.). Olten: Walter.

Drosdowski G (Hrsg) (1989). Duden „Etymologie": Herkunftswörterbuch der deutschen Sprache (2., völlig neu bearb. u. erw. Aufl.). Mannheim: Dudenverlag.

Drummond SPA, Smith MT, Orff HJ, Chengazi V, Perlis ML (2004). Functional imaging of the sleeping brain: Review of findings and implications for the study of insomnia. Sleep Medicine Reviews; 8: 227–42.

Ellis A (1993). Grundlagen der Rational-Emotiven Verhaltenstherapie. München: Pfeiffer.

Ende M (1973). Momo: oder Die seltsame Geschichte von den Zeit-Dieben und von dem Kind, das den Menschen die gestohlene Zeit zurückbrachte. Stuttgart: Thienemann.

Evans S, Ferrando S, Findler M, Stowell C, Smart C, Haglin D (2008). Mindfulness-based cognitive therapy for generalized anxiety disorder. Journal of Anxiety Disorders; 22(4): 716–21.

Falkenberg I (2012). Humortraining mit psychiatrischen Patienten. In: Wild B (Hrsg). Humor in Psychiatrie und Psychotherapie: Neurobiologie – Methoden – Praxis. Stuttgart: Schattauer; 218–32.

Falkenberg J, McGhee P, Wild B (2013). Humorfähigkeiten trainieren. Manual für die psychiatrisch-psychotherapeutische Praxis. Stuttgart, Schattauer.

Farrelly F, Brandsma JM (1986). Provokative Therapie. Heidelberg: Springer.

Fjorback LO, Arendt M, Ornbøl E, Fink P, Walach H (2011). Mindfulness-based stress reduction and mindfulness-based cognitive therapy: a systematic review of randomized controlled trials. Acta Psychiatrica Scandinavica; 124(2): 102–19.

Garfield JL (1995). The Fundamental Wisdom of the Middle Way: Nagarjuna's mulamadhyamakakarika. New York: Oxford University Press.

Gottman JM (1994). What Predicts Divorce? The relationship between marital processes and marital outcomes. New Jersey: Erlbaum.

Grossman P, Niemann L, Schmidt S, Walach H (2004). Mindfulness-based stress reduction and health benefits: A meta-analysis. Journal of Psychosomatic Research; 57(1): 35–43.

Hain P (2012). Entlassung auf Bewährung: Hypnosystemisches Arbeiten mit humorvollen inneren Bildern. In: Wild W (Hrsg). Humor in Psychiatrie und Psychotherapie: Neurobiologie Methoden Praxis. Stuttgart: Schattauer; 185–96.

Harris R (2013). Wer dem Glück hinterherrennt, läuft daran vorbei. Ein Umdenkbuch (2. Aufl.). München: Goldmann.

Hayes SC, Strosahl KD, Wilson KG (2003). Acceptance and Commitment Therapy: An experiential approach to behavior change. New York: Guilford Press.

Hayes SC, Follette VM, Linehan MM (eds) (2004). Mindfulness and Acceptance: Expanding the cognitive-behavioral tradition. New York: Guilford Press.

Hayward J (1996). Die Erforschung der Innenwelt: Neue Wege zum wissenschaftlichen Verständnis von Wahrnehmung, Erkennen und Bewußtsein. Frankfurt a.M.: Insel.

Heidenreich T, Michalak J (Hrsg) (2006). Achtsamkeit und Akzeptanz in der Psychotherapie: Ein Handbuch (2. Aufl.). Tübingen: dgvt.

Hirschhausen E v (2012). Humor hilft heilen: Leicht ist schwer. Ein paar Grundideen. In: Wild B (Hrsg). Humor in Psychiatrie und Psychotherapie: Neurobiologie – Methoden – Praxis. Stuttgart: Schattauer; 290–300.

Höfner EN (2012). Der Provokative Stil® oder „Es ist nicht immer Humor, wenn man trotzdem lacht". In: Wild B (Hrsg). Humor in Psychiatrie und Psychotherapie: Neurobiologie – Methoden – Praxis. Stuttgart: Schattauer; 164–84.

Höfner EN, Schachtner H-U (2004). Das wäre doch gelacht! Humor und Provokation in der Therapie (4. Aufl.). Reinbek: Rowohlt.

Hölzel BK, Carmody J, Vangel M, Congleton C, Yerramsetti SM, Gard T, Lazar SW (2011). Mindfulness practice leads to increases in regional brain gray matter density. Psychiatry Research: Neuroimaging; 191(1): 36–43.

Hoyer J, Beesdo K (2006). Sorge dich nicht – erlebe! Achtsamkeitstherapie bei der Generalisierten Angststörung. In: Heidenreich T, Michalak J

(Hrsg). Achtsamkeit und Akzeptanz in der Psychotherapie: Ein Handbuch (2. Aufl.). Tübingen: dgvt; 511–34.

Hülsebusch J, Michalak J (2010). Die Rolle der Übungshäufigkeit in der Achtsamkeitsbasierten Kognitiven Therapie. Zeitschrift für Klinische Psychologie und Psychotherapie; 39(4): 261–6.

Ingram R, Miranda J, Segal ZV (1998). Cognitive Vulnerability to Depression. New York: Guilford Press.

Ito TA, Chiao KW, Devine PG, Lorig TS, Cacioppo JT (2006). The influence of facial feedback on race bias. Psychological Science; 17(3): 256–61.

James W (1884). What is an emotion? Mind; 9(34): 188–205.

Jastrow J (1900). Fact and fable in psychology. New York: Houghton Mifflin.

Kabat-Zinn J (1994). Wherever You Go, There You Are: Mindfulness meditation in everyday life. New York: Hyperion.

Kabat-Zinn J (1999). Stressbewältigung durch die Praxis der Achtsamkeit (Buch & CD). Freiamt: Arbor.

Kabat-Zinn J (2005). Full Catastrophe Living: Using the wisdom of your body and mind to face stress, pain, and illness. New York: Delta.

Kabat-Zinn J (2011). Gesund durch Meditation: Full Catastrophe Living. Das vollständige Grundlagenwerk. München: O.W. Barth.

Komito DR (1987). Nagarjuna's „seventy stanzas": A Buddhist psychology of emptiness. Ithaca: Snow Lion Publications.

Kuyken W, Watkins E, Holden E, White K, Taylor RS, Byford S, Evans A, Radford S, Teasdale JD, Dalgleish T (2010). How does mindfulness-based cognitive therapy work? Behaviour Research and Therapy; 48: 1105–12.

Laudse Daudedsching (1988) (Lao-tse: Tao-te-king) (Übs. v. E. Schwarz, 3. Aufl). München: dtv klassik.

Lazarus RS (1974). Psychological stress and coping in adaptation and illness. International Journal of Psychiatry in Medicine; 5(4): 321–33.

LeDoux JE (1995). Emotion: clues from the brain. Annual Review of Psychology; 46: 209–35.

Lehrhaupt L, Meibert P (2010). Stress bewältigen mit Achtsamkeit: Zu innerer Ruhe kommen durch MBSR – Mindfulness-Based Stress Reduction (4. Aufl.). München: Kösel.

Linehan MM (1996a). Dialektisch-Behaviorale Therapie der Borderline-Persönlichkeitsstörung. München: CIP-Medien.

Linehan MM (1996b). Trainingsmanual zur Dialektisch-Behavioralen Therapie der Borderline-Persönlichkeitsstörung. München: CIP-Medien.

Maex E (2009). Mindfulness: Der achtsame Weg durch die Turbulenzen des Lebens. Freiamt: Arbor.

McGhee P (2012). Humor als Copingstrategie: Das 7-Humor-Habits-Trainingsprogramm (7HHP). In: Wild B (Hrsg). Humor in Psychiatrie und Psychotherapie: Neurobiologie – Methoden – Praxis. Stuttgart: Schattauer; 197–217.

Meister IG, Wilson SM, Deblieck C, Wu AD, Iacoboni M (2007). The essential role of premotor cortex in speech perception. Current Biology; 17(19): 1692–6.

Merleau-Ponty M (1966). Phänomenologie der Wahrnehmung. Berlin: Walter de Gruyter & Co.

Metzner MS (2003). Zeit und Ambiguität: Zeitpsychologische Grundlagen und Studien mit mehrdeutigem Material. München: Hieronymus.

Mingyur Rinpoche Y (2007). Buddha und die Wissenschaft vom Glück: Ein tibetischer Meister zeigt, wie Meditation den Körper und das Bewusstsein verändert (5. Aufl.). München: Goldmann.

Mingyur Rinpoche Y (2009). Heitere Weisheit: Wandel annehmen und innere Freiheit finden (2. Aufl.). München: Goldmann.

Mooji (2012). Atem des Absoluten: Dialoge mit Mooji. Hamburg: Noumenon.

Mooji (2013). Before I am: The direct recognition of truth (2nd ed.). London: Mooji Media.

Morissette A (1996). Jagged little pill (CD). New York: Maverick.

Möttönen R, Dutton R, Watkins KE (2012). Auditory-motor processing of speech sounds. Cerebral Cortex. doi:10.1093/cercor/bhs110.

Neff KD (2003). The development and validation of a scale to measure self-compassion. Self and Identity; 2(3): 223–50.

Neff K (2012). Selbstmitgefühl: Wie wir uns mit unseren Schwächen versöhnen und uns selbst der beste Freund werden (4. Aufl.). München: Kailash.

Nyanatiloka M (1989). Buddhistisches Wörterbuch (Buddhistische Handbibliothek/3, 4. Aufl.). Konstanz: Christiani.

Nyanatiloka M (Hrsg) (1995). Handbuch der buddhistischen Philosophie: Abhidhammattha-Sangaha. Uttenbühl: Jhana.

Piet J, Hougaard E (2011). The effect of mindfulness-based cognitive therapy for prevention of relapse in recurrent major depressive disorder: A systematic review and meta-analysis. Clinical Psychology Review; 31(6): 1032–40.

Raab S (1999). Maschen-Draht-Zaun (CD). Köln: Rare.

Rapgay L, Bystritsky A, Dafter RE, Spearman M (2011). New strategies for combining mindfulness with integrative cognitive behavioral therapy for the treatment of generalized anxiety disorder. Journal of Rational-Emotive and Cognitive-Behavior Therapy; 29(2): 92–119.

Rapp A, Mutschler D (2012). Isn't it ironic? Wie wir Ironie (miss)verstehen. In: Wild B (Hrsg). Humor in Psychiatrie und Psychotherapie: Neurobiologie – Methoden – Praxis. Stuttgart: Schattauer; 66–78.

Rowling JK (1999). Harry Potter und der Gefangene von Askaban. Hamburg: Carlsen.

Ruch W (2012). Humor und Charakter. In: Wild B (Hrsg). Humor in Psychiatrie und Psychotherapie: Neurobiologie – Methoden – Praxis. Stuttgart: Schattauer; 8–27.

Ruckgaber C (2012). Das Glück des Stolperns: Professionelle Clowns und Humor in Kinderkliniken und Pflegeheimen. In: Wild B (Hrsg). Humor in Psychiatrie und Psychotherapie: Neurobiologie – Methoden – Praxis. Stuttgart: Schattauer; 273–89.

Sachsse U (2012). Humor ist, wenn man trotzdem lacht: Galgenhumor in der Behandlung von Menschen mit komplexen Traumafolgestörungen. In: Wild B (Hrsg). Humor in Psychiatrie und Psychotherapie: Neurobiologie – Methoden – Praxis. Stuttgart: Schattauer; 121–33.

Saint-Exupéry A de (2009). Der Kleine Prinz. Düsseldorf: Rauch.

Segal ZV, Williams JMG, Teasdale JD (2002). Mindfulness-based Cognitive Therapy for Depression: A new approach to preventing relapse. New York: Guilford Press.

Sekida K (1993). Zen-Training: Das große Buch über Praxis, Methoden, Hintergründe. Freiburg: Herder.

Shaked J (2012). Der Witz in der analytischen Gruppenarbeit. In: Wild B (Hrsg). Humor in Psychiatrie und Psychotherapie: Neurobiologie – Methoden – Praxis. Stuttgart: Schattauer; 110–20.

Siegel DJ (2007). Das achtsame Gehirn. Freiamt: Arbor.

Silbermond (2009). Krieger des Lichts (CD). München: BMG (Sony Music).

Sogyal Rinpoche (1994). Das tibetische Buch vom Leben und vom Sterben: Ein Schlüssel zum tieferen Verständnis von Leben und Tod (12. Aufl.). Bern: O.W. Barth.

Sonntag RF (2005). Akzeptanz- und Commitment-Therapie: Ein Beitrag zur dritten Welle der Verhaltenstherapie. Psychotherapie in Psychiatrie, Psychotherapeutischer Medizin und Klinischer Psychologie; 10: 157–81.

Spira R (2011). Bewusstsein ist alles: Über die Natur unserer Erfahrung. Kirchzarten bei Freiburg: VAK Verlags GmbH.

Stadler M, Kruse P (1995). The function of meaning in cognitive order formation. In: Stadler M, Kruse P (eds). Ambiguity in Mind and Nature: Multistable cognitive phenomena. Berlin: Springer; 5–21.

Strack F, Martin LL, Stepper S (1988). Inhibiting and facilitating conditions of the human smile: A nonobtrusive test of the facial feedback hypothesis. Journal of Personality and Social Psychology; 54(5): 768–77.

Sulz SKD (1994). Strategische Kurzzeittherapie: Wege zur effizienten Psychotherapie. München: CIP-Medien.

Sulz SKD (2005). Fallkonzeption des Individuums und der Familie. In: Leibing E, Hiller W, Sulz SKD (Hrsg). Lehrbuch der Psychotherapie: für die Ausbildung zur/zum Psychologischen PsychotherapeutIn und für die ärztliche Weiterbildung, Bd. 3: Verhaltenstherapie (3. Aufl.) München: CIP-Medien; 25–46.

Suzuki S (1990). Zen-Geist, Anfänger-Geist: Unterweisungen in Zen-Meditation (5. Aufl.). Zürich: Theseus.

Thich Nhat Hanh (1995). Über die Worte Buddhas: Kommentare zu sechs wesentlichen Sutras. Berlin: Theseus.

Thich Nhat Hanh (1996). Das Wunder der Achtsamkeit: Einführung in die Meditation. Zürich: Theseus.

Thich Nhat Hanh (1999). Das Herz von Buddhas Lehre: Leiden verwandeln die Praxis des glücklichen Lebens. Freiburg: Herder.

Thich Nhat Hanh, Cheung L (2011). Savor: Mindful Eating, Mindful Life. New York: HarperOne.

Tolkien JRR (2004). Der Herr der Ringe (14. Aufl.). Stuttgart: Klett-Cotta.

Tolle E (2005). Eine neue Erde: Bewusstseinssprung anstelle von Selbstzerstörung (12. Aufl.). München: Arkana.

Tolle E (2013). Jetzt! Die Kraft der Gegenwart (5. Aufl.). Bielefeld: Kamphausen.

Trungpa C (1994). Der Mythos Freiheit und der Weg der Meditation (2. Aufl.). Küsnacht/Schweiz: Theseus.

Trungpa C (2007). Achtsamkeit, Meditation & Psychotherapie: Einführung in die buddhistische Psychologie (2. Aufl.). Freiamt: Arbor.

Tunner W (1999). Psychologie und Kunst: Vom Sehen zur sinnlichen Erkenntnis. Wien: Springer.

Varela FJ, Thompson E, Rosch E (1995). Der Mittlere Weg der Erkenntnis: Der Brückenschlag zwischen wissenschaftlicher Theorie und menschlicher Erfahrung. München: Goldmann.

Ventis WL, Higbee G, Murdock SA (2001). Using humor in systematic desensitization to reduce fear. Journal of General Psychology; 128(2): 241–53.

Weniger G, Lange C, Sachsse U, Irle E (2008). Amygdala and hippocampal volumes and cognition in adult survivors of childhood abuse with dissociative disorders. Acta Psychiatrica Scandinavica; 118(4): 281–90.

Wild B (2012a). Humor, Gesundheit und psychische Erkrankungen – ein Beipackzettel. In: Wild B (Hrsg). Humor in Psychiatrie und Psychotherapie: Neurobiologie – Methoden – Praxis. Stuttgart: Schattauer; 47–65.

Wild B (2012b). Humor im Hirn oder: Wo ist denn das Humorzentrum? In: Wild B (Hrsg). Humor in Psychiatrie und Psychotherapie: Neurobiologie – Methoden – Praxis. Stuttgart: Schattauer.

Wild B (Hrsg) (2012c). Humor in Psychiatrie und Psychotherapie: Neurobiologie – Methoden – Praxis. Stuttgart: Schattauer.

Winterhoff M (2008). Warum unsere Kinder Tyrannen werden. Oder: Die Abschaffung der Kindheit (15. Aufl.). Gütersloh: Gütersloher Verlagshaus.

Yerkes RM, Dodson JD (1908). The relation of strength of stimulus to rapidity of habit-formation. Journal of Comparative Neurology and Psychology; 18: 459–82.

Personen- und Sachverzeichnis